遭難日誌

カケス

目次

遭難日誌

取立山

1

栗の木のあった谷

あれは、白山麓の市ノ瀬口の崖から枝を伸した山桜が、しきりに花びらを流していた日だったから、四月の終り頃だったのだろうかと、メモを調べてみると、一九七六年五月一一日、白山（旧道）快晴となっている。

眩しく光る遠山の雪が、揺らいで見えるくらいに晴れた日だった。山肌の枯れ葉はぱりぱりに乾き、谷川の水音は裸木の林を抜けて、どこまでも追いかけてくる一日だった。私は元禄年間に書かれたという、野路汝謙《のじじょけん》の白山紀行を手にして山に登り、まだ冬枯れの藪かげに現われる古い径を探しながら、長い尾根を辿った。そして、その径の名残りが、詳細に書かれた白山紀行にぴったりと一致していることに、感銘を受けたのだった。山には次々と謂れの場所が現われて、それは、白山開祖と伝えられる泰澄の業績に結びついていた。中でも、「木の根廻りとて檜の根くぐる所有り、」と書かれている所では、重なり合った大岩の間に、しめ縄のように架った檜の根を潜らなければ、前進は不可能となっていて、私はその根に触れながら、或いは三百年前の野路汝謙も、こうしてこの根をなで、泰澄という先達の心を思い遣《や》っていたのだろうかと、考えた。

その帰り、谷峠のトンネルを通り抜けて、越前に続く深い谷を眺めた時に、私はあることに気づいたのだった。野路汝謙は、福井の松平吉品の命を受けて、この谷の径を辿り白山をめざしたのだけれど、のちに車の道路が開削され（トンネルの開通は昭和二三年だった）、その後、新トンネルが掘られ、その二車線の道路は、等高線にほぼ沿って、山がその裾にむかって尾根を広げるあたりを縫っている。その山と谷の様子を眺め、私はふとあることに気づいたのだった。

――この道路は、遭難碑の真上を通っているのではないだろうか――

トンネルを出てゆっくり二曲りすると、取立山が正面になった。あそこから流れてくるのが東山谷。私は車を止めた。広い道が明るく延びて、以前とは馴染みのなくなった景色だが、鋼鉄のロープから乗り出すようにして、谷の続き具合を眺めていると、しだいに、景色の中に、昔の山の形が蘇ってくる。東山谷に小さな沢が合流する所、その小さな沢を少々登った所が、その場所ではなかったか。

考えれば、最後に碑の所に行ったのは一四年前のことだから、私の記憶はかなり曖昧になっている。そして、道路は山肌に高く築かれているから、近くに記憶に触れてくるものがなく、しだいに別の世界の出来事にも思えてくる。だが、谷筋を目で追ってゆけば、遭難碑は、たしかにこの道路のすぐ近くだった。と、見えてくるのだった。

その小沢の水は細いトンネルから吐き出され、コンクリートの水路を濡らしている。谷間はロックフィルダムのように埋めつくされ、その上をアスファルトの道路が走っている。夜になって、私は中村さんに電話した。

「遭難碑、新しい道の下に埋められたらしい」

2

一週間あとの日曜日は、暖かく白っぽく晴れた一日だった。私たちは谷あいの古い道路を走り、奥のむら跡に車を駐めた。福井県ではこのあたりが、もっとも多く雪が降る。住む人がいなくなって久しいむらに、まだ残っている家の前で仕度をして、私たち三人は山径に入った。近くの山がようやくうす緑に見え始める日だった。枯れ草を踏んで行く径を、私はたちまち間違えていた。

「違う、もっとあっちでないか」

敬さんが指さす尾根の端は杉の林になっている。すっかり広くなった額に手拭いをまいた敬さんは、いつものとおり自信あり気だった。

「前に来た時は、もっとあっちへ巻いて行った」

「そうかなあ、前っていつ？　ぼくもあれからいっぺん来たけど」

「独りで来てみたんだ」

私があれからと言ったのは、一四年前を差している。その時は、中村さん、敬さん、それに私は、それぞれ家族と連れだってこの谷に来た。あの時も四月の終りか、五月の始めだったような気がする。私たちは曇り空を映した尾根端の田を抜けて谷に入って行った。その田には杉が植えられて成長し、あたりの様子がすっかり違っている。田の端の径を巡って行ったら、すぐ谷に入れたと思っていたのは、私の記憶違いであったらしい、ひとつ手前の尾根を登りつつあった。

戻って、私たちは住む人のいなくなった農家の背戸でお昼にした。家の周囲の水路はとうに干上がって、草地に還り始めている。木蔭にあった掌に乗るくらいの石の地蔵の胸の赤い端切れに、住んでいた人たちの気持ちが、まだ留まっているような気分がした。

「あの時、遭難碑の下のコンクリートを破ったでしょう。あの穴が気になって、もう一度来てみた」

そう言うと、中村さんは

「そう言ってたな」

とだけ言った。

軽い昼のあと、私たちは干からびた水路を追って尾根を巻き谷川に入った。沢鳴りに混ってオオルリの声がよく透る谷間では、コナラの白い緑が広がりだしたところだった。ほんの少し遡ってみて、どこかおかしいと又もや思えてくる。尾根を巻いた最初の谷川のような気がしていたが――。

「これはちがうぞ、もうひとつあっちや」

亡くなった三人と一番親しかった敬さんがそう言うと、まったくその通りだと聞こえる。事実、そうだった。谷川を思いきって下って、私たちはとうとう二つ目の尾根を巻く古い径を発見した。赤紫の残り花のあった木蔭の径を辿って行くと、深い谷が見えてきた。

しかし、その向こうの山の斜面の木々の間には、赤い土砂の流れが幾筋も続いている。見上げれば、新しい道路が長城のように延びている。

3

「変ってる」

一四年まえと比べて、どうにか見覚えがあると感じられた杉木立を抜けた所で、私たちは棒立ちになった。以前の小径は杉の下生えの間から、下って谷川をU字に渡っていた。そのUの字に渡った谷川は、見あげるばかりの土砂の土手に変貌している。多分、費用の点を考慮してのことであろうが、谷の水は細いトンネルを抜けて土手の下を潜り、道路は乱暴に岩石を積みあげた土手の上を通っているのだった。

「このあたりだよ、中村はん」

谷に降りていた敬さんが顔をあげた。中村さんは口を一文字にして、向う岸を見詰めている。そう、たしかに向うの岸の苔に蔽われた黄土色の岩の間に、中村さんの兄の遭難碑は嵌《は》めこまれていたはずだった。

私たちは、岩の隙間を覗き込むようにして、小さな谷川を何度か往復した。今では、谷がまるで浅くなってしまい、本谷を隔てている尾根が、簡単に乗り越せそうに見えているのだから、今立つ谷の土砂の下、少なくとも一〇メートルくらいのところに、遭難碑があると思わない訳にはいかなくなってくる。しかし、地形の変化のあまりの大きさに、納得し難い気分が押えようもなく湧きあがるのだった。

「大きな栗があったなあ」

「そうや、栗の木の下やった」

中村さんと敬さんは、向うを見ながらしきりに栗の木の話をしている。

4

谷間を蔽って立っていた大きな栗の木を廻って小径は延びていて、その蔭に碑が嵌めこまれていたのだった。二人はその栗を捜しているのだろう。そして、その栗の木の下には、又、別の光景が残像となっている。中村さんと敬さんにも、まだその記憶が鮮やかなのではないだろうか。

「栗の木の下で寝ていたな」

　そう声をかけると
「気持ちよさそうやった」

　敬さんが笑って応じた。

　私たちが家族連れでこの谷を訪れた年の春、妻は三人目の娘をおなかの中に入れていて、七ヶ月くらいだったのではないだろうか。気持ちよさそうに栗の木の蔭で眠りこんでいる彼女を、みんなが少々呆れたように眺めていたのだった。そんな彼女をいささか得意に思わないでもなかったが、それから数年で妻も山で亡くなることになった。

　あの時は、碑の下に埋めてあった骨を拾って来て欲しい、という中村さんの母堂の願いで、私たちはこの谷に来たのだった。コンクリートを割ると、パイプ煙草の赤い罐がすぐ現れて、骨は一六年の昔のままに残っていた。

　私は、そのあと一度、コンクリートの穴を塞ぐためセメントをザックに入れてこの谷に登って来た。雨の日だった。上流の杉林の向こうに、炭焼きの小屋があり、誰もいない小屋で私は弁当を食べた。見上げると、ちょうどその辺りが道路に変っている。

「工事中の時、気がつけばよかったなあ、旧道からなんべんも眺めたのに」
そう話しかけても二人は黙っている。

5

自分の目ではっきりその存在を確かめることと、たぶんここだろうと、推定をする気持ちの間には、大きな隔たりがある。私たちは釈然としない気持ちをそれぞれ抱いたままで、室目谷を下り東山谷に出た。約四、五百メートルの下降で東山谷との合流点に来たのだから、位置推定に誤りが入ることは、もう考えられないことであったのだが、やはり不透明に沈んだ気持ちのままに、私たちは東山谷を下って行った。この流れに沿って約一キロ下流に加藤さんの碑があるはずだった。

東山谷にも、大量の土砂が落されて谷川は浅くなり砂が乾いて白く変容していた。その明るさがこちらの気持ちを不安定にする。

一九五〇年の冬一月、吹雪の加賀と越前との国境いの尾根でのビバーグで、牧田さんを失った中村さんと加藤さんは、翌朝、室目谷から東山谷を下って来て、とうとう力尽きたのだった。当時、中村さんは二七歳、加藤さんと牧田さんは新制高校の三年生であった。

今、新制高校と特に書いたのは、あの頃、発足間もない高等学校への周囲の気持ちに、旧制高校生と同等の活躍を期待する空気があったのではないか、と最近になって思えてきたからだ。或いは、そうした期待が遭難の引き金になったかもしれない。

さきほどから急ぎ足になっていた敬さんが、岸辺の大きな岩の前にしゃがみこんでいる。近づくと、敬さんとは家が隣り同士、しかもおない歳だった加藤さんの碑は、確かに存在した。

取立山

絹雲を通って来た十一月の日射しが初雪を冠った山に落ちている。手前には杉の林が黒く広がり、その先の裸木の山肌が白く薄く光っている。私は二車線となって山腹をからむように延びている国道の端に立っていた。九頭竜川中流の勝山市から滝波川に沿って上ってきた道路は、山を巡りめぐって大きな谷の源流部をひと跨ぎにぐるりと鉄橋と土手で廻りこみ、国境いのトンネルに向かって消えている。私は鉄橋と土手の間の小さな公園にいるのだった。その広場は展開する谷間に突き出た岬のようにも見えている。

再び見上げると、取立山の初雪は淡くなり、尾根の背が薄茶色に現れ始めるところだった。岬に似た広場には切石を積んで作った新しい碑がある。横に長い石積みを蔽っていた古いシートを取り払うと、そこに嵌めこまれている黒い石板があった。

取立山板碑

中村光　二十七歳　歯科医師
加藤一雄　十八歳　藤島高校生
牧田繁　十八歳　乾徳高校生

昭和二十五年一月二十二日早暁木根橋むらを出発した三人の予定は、東山より取立山に至り、護麻堂峠を目差すスキー登山であった。

然し前日来の風雪は烈しく、午前十一時稜線到着のころより、寒気と疲労は一人の歩みを妨げ始めた。

取立山午後一時、疲労に斃れんとする仲間を二人は庇いて大斜面を徒歩で下降し、午後四時には護麻堂峠に到達した。

この時に至りリーダーはビバーグと決す急造の雪洞に牧田を介抱する有様は中村の遺書に詳しい。

午後十一時、牧田は極度の疲労から洞中に凍死。翌早朝東山むらに救援を求めんとした二人は室目谷を下降中、中村、加藤の順に凍死した。

合　掌

昭和五十五年十一月三日再建

光母

中村むめ

セロファンを巻いたままの花を碑の上に置いて見上げると、取立山の初雪が更に薄れている。村のひとはあの山をとったてといっていたが、私たちはなぜか取り立て山でとおしてしまった。取立では借金取りみたいでよくない。今頃になってなぜこんなことに気がつくのか。杉の林の続きが淡い樺色の林、あの辺りには丈の低い潅木がぎっしり生えているに違いない。もうあんなに雪が消えかかっている。雑木の枝に降った綿雪が、今日の日差しにこらえ切れなくなっているのだろう。

よく磨かれた黒の碑面に近づくと、自分の顔が映っている。くたびれた中年男の顔がある。冬に、あの時のコースを追って取立山に登ってみよう。突然浮かんだ考えが心を駆け抜けて、私は立ち上った。

＊

あのことがあったあとに、加賀と越前を分けている長い尾根に、仲間と何度かスキーツアーに出かけた。しかし、あの時のルートをそのままに登るということはなかった。取立山に直接登ろうとすれば、少々急峻な尾根でのラッセルが必要となる。遠廻りとなってもゆるやかな国境い尾根の、しかも眺めの楽しいルートが普通のこととなっていたのだった。

年が明けて、一月の半ばを過ぎても福井では雪がまるで降らなかった。前の年の冬には、このまま雪の下敷きとなり、春の日差しを見ることもできなくなるのではないか、とそんな予感がして思わず身ぶるいが出そうになるくらい、毎日雪が降ったのだが、次の年の冬が来ると、雪に備えて用意を整えたひとが、たまには降ってくれないか、と又もや天を仰ぎ見るくらいに降らないのだった。一月はついにどの山にも出かけなかった。福井のヤブ山では、ほんの少し雪が積った頃が障害が出現してやっかいなのだ。

二月になってようやくまとまって雪が降り、私は取立山に登ることにした。持物に格別のこともなく、前の夜遅くなって短めのスキーにクライマーを付けてから眠った。

翌朝も雪であった。地面にはさほど積っていないが、外を見ると盛んに降っている。ライトを点けて走り始めて十分くらいで雪がやむ、星が一つ雲の間に光った。日本海から波となって寄せてくる雪雲の下を抜け、先廻りとなったらしい。山に近づき次第に夜が明けてくると、辺りの木々は細枝の先まで綿雪を載せていて、普段とは違う眺めであった。道路が坂となるにつれて新雪が深くなる。走行計の数字が十万キロを越えて、めっきり調子の落ちたエンジンをだますようにして走った。

木根橋のむらはそのまま通り過ぎ、取立山へ直接取り付く尾根の端に車を止める。さすがにこの辺りまで来ると道路の両側の雪は、除雪車に削りとられて壁となっていた。昭和二十五年のパーティは木根橋の丸山さん方を七時に出て、その頃は当り前に人家のあった東山へと、多分歩きで登って行ったことだろう。それに四十分くらいかかっているだろうか、私が車を止めた時、偶然であったがちょうど一行の時計に符合する時間なのであった。新雪に蔽われて静かさの増している山間いに雪が降り始め、激しくなる。私は雪の壁の上にスキーをほうりあげ、壁をよじ登ってスキーを付けた。

実は当時、一行ははなから取立山を目指したのではなかった。この地からいささか西に尾根を引く大日山を目標にしていたのだった。中村さんはそのつもりだった。それがなぜか取立山に変った。勝山へ向かう電車から見て、大日山に雪が少なかったから変更したのだろう、ともいわれてきたが、その理由は謎である。としかいいようがない。大日山（一三一九メートル）は越前甲《かぶと》とも別称されて、真冬にも黒い鉢巻きを締めているように岩壁に囲まれた山である。大日山から取立山に目標を変えたために、不要となったザイルなどの用具を（当時の新聞を見ると中型ザックが一つ残されている）途中の河合の家に預け、一行はスキーを肩にして、雪を載せたかや葺き家が点在している東山へと歩いて行った。

私はザックを揺すりあげバインディングの調子を確かめてから歩き始めた。ラッセルは十五センチくらいだった。ぼたん雪が杉林に盛んに降りかかり、林を縫う林道の視界が悪くなる。乾ききっていたストックの手皮が、雪に湿りなじみ始める頃に、私は些細なことに気がついた。

中村さんたちは、登山の目標を大日山から加越国境に変更したからこそ、取立山でも一番急峻なコースを目指したのではなかったか。大日山ではザイルが必要と中村さんは考えていた（雪稜のルートをすでに開拓していた）。ところがパーティのひとりである牧田さんは雪山に登るのが初めてのことであった。中村さんと加藤さんは他の仲間と共に前年の冬に白山を目指している。そして、夏には白山周辺の長く難しい谷を何本も登った。今では高校二年生が冬山へ行くのは、先生がついていても大変なこととされるようになってしまったが、その頃の二年生は旧制でいえば中学五年生である。本人もそう考えているし周囲も大人と認めていた。中村さん加藤さんは山へ向かう気持ちが一度に燃えあがる時期にさしかかっていたのだった。一方、牧田さんは山登りを始めてまだ一年は経っていなかったろう。日野山、浄法寺山、竹田川キャンプ、荒島岳、それに幾つか、そのことを知って中村さんは大日山の雪稜ルートを断念して取立山に登ることにした。しかし、心のどこかに雪稜への気持ちの昂ぶりが不燃のままにまだ残っている。それが取立山へのルートの取り方に影響をあたえている。そうは考えられないだろうか。

久し振りに履くクライマーを付けたスキーの感触が、ようやく足裏になじんで、私は杉林の間をスキーを押し出すように登った。尾根末端の「壁」までが厚い杉林となって、降りかかる雪の幕のかなたに黒く広がっている。見えていてなかなかやっかいな地形であった。沢沿いに登り、小尾根をたどり、行き止まりとなり、別の沢を横切って杉林に入った。がっしりした幹に粉雪がついて林の中が白くなっている。突然、梢を通り抜けて薄日が差してくる。ちりとなって降っている雪が斜めの光に浮きあがった。林の底ではラッセルが軽くなる。

杉林を抜けると、疎らに裸木の立つ急斜面が目の前になった。パンを食べながら上の様子を見る。稜線らしい所に三、四本の杉が見えているが、近いと思う。あそこで壁の角度がゆるく変わっているだけであろう。どうもそんな気がする。私は急斜面に大きなジグザグを描いて登った。ラッセルが深くなる。膝で雪を押し分けて進むようになった。ほんの少し登ってみて面倒な壁であると判ってくる。木々を潜って進むコースが簡単にはとれない。キックターンでうっかりしていると新雪に埋もれた横枝を掘り出してしまう。

中村さんと加藤さんはスキーにシールを貼って登っていた。牧田さんはシールの替りに縄を巻いたスキーだった。戦後のことでシールはたやすく手に入らなく、代ってスキーに縄を巻く方法があった。小包に紐を掛けるように、スキーに細引きを巻く。滑走面に紐の十文字を四つ作ると、登りは容易であるがスキーの引きが重くなる。十文字が二つであると後すべりし易い。三つは中庸であるが中庸であることのもの足らなさがある。当時私は細引きの種類を変え、十文字の位置もいろいろと工夫したものだった。しかし細引きを巻いたスキーは重い。それは後年シールを付けて山に登ってみて、始めて分る体験だった。滑って足が前に出る。

ラッセルは交代で中村さんと加藤さんがしたことだろう。スキーをはいて初めて山に登る牧田さんはそれでも遅れる。木々の間のキックターンで何度か転んだ。体力を消耗させられる壁だった。

見上げると斜面と空の界に立つ霧氷で飾られた木々が白く浮かびあがっている。空が明るくなってきていた。低い雲のうねりの間に薄く青味が差している。斜面の左はにぎやかなカーブを画いてせり出した雪庇で限られている。その隙間からあちらの斜面に逃げてみようか、そんな気持ちも動いたが、そうしたところでさして変りがあるとも思えなかった。雪崩れるかも知れないとふと思う。

三十一年前の山登りに私も加わっていたらどうだったろうか。ほんの少しの間だったけれども、あの時の山登りに、連れていって欲しい、と思ったことがあった。戦災のあとに間に合わせの建物が並んでいる福井市の駅前で、私はスキーを肩にした牧田さんと出逢った。

——岳友会の人と加越国境へスキーに行くんにゃ。いっしょに来んか。

いつも口を尖らしていた牧田さんが珍しく笑いながらそう言ったのだった。上級生に誘われたことでもあり、それに加越国境と聞いて、私はいっとき山に惹かれそうになってしまったが、一年生が大人たちに混って初めての冬山に行けばどうなるか、と計りにかける心は持ち合わせていた。止めておきます、と言う私の答に牧田さんは、——ほうか、と言ってみぞれのように慌しく降る雪の中を、道路を斜めに横切って遠ざかって行った。あの時の山行に私が加わっておれば、中村さんはあまりに幼稚な私の様子に困惑して、取立山のルートも、もっとおだやかな尾根に変更していたことだろう。

牧田さんは確かに加越国境といって私を誘ったのだった。牧田さんは加藤さんと話し合っての山登りであったろうし、あの日の山登りは中村さんは大日山、加藤さんは加越国境と始めから目標が別れていたのだろうか。

風が雪の粒子を呼んで吹き寄せてくる。振り仰いで稜線と見えていたところは、やはり登りつくと壁の傾斜の屈曲点であった。ほとんど真白の斜面を横切って尾根に出る。ねずみ色のあまり感じのよくない雲の間に、ふもとの眺めが広がって来た。取立山の頂上から南に張り出してきた尾根は、断ち切られたように杉林の広がりへと落ちこんでいるのだった。ちょうど十一時。あの時のパーティとほぼ同じ時間だった。風にたたかれて尾根の雪は堅くなりラッセルが軽くなる。雪稜となった尾根を避けて南斜面にスキーを乗り入れたところで、新雪が剥れ落ち危うく流されそうになる。二月の太陽に晒される南の斜面には、新雪の下に凍ったザラメ雪が潜んでいた。

取立山に向かってゆるやかに上っていく尾根は、やがて高原状に広くなり霧氷をまとった低い木々が疎らになってゆく。振り返ると、私の残したトレイルは一本の糸となって伸びて行き、尾根の果てに消えている。その先には谷間を満たしている黒い雲が、ほぼ目の高さに幾重にも重なっていた。私は取立山の頂上に十二時三十分に着いた。当時のパーティの山頂着は一時、壁を登るうちに牧田さんの歩みは遅れ始め、三十分の差となったのだろうか。そして、ここに来て牧田さんのスキーが突然毀れたのだった。取立山の頂上はその日のスキーツアーコースでは、運の悪いことに最深点となるのである。

牧田さんのスキーは学校の備品であった。体操の授業のためにせいぜいでも平地滑走のために、戦前に揃えられたスキーが、グラウンド隅の小屋に、戦災を免がれて残っていた。私たちはその中でよさそうに見えるものを、勝手に選り出して使っていたのだが、そのスキーのバッケンのリベットが飛んでしまった。スキーのバインディングはフィットフェルト方式であった。靴の後で皮のバンドに付いた折返しの金具をパチンと止める方法だ。踵に回るバインディングはバッケンにリベットで可動式にとめられている。フィットフェルトは登りにスキーを滑らすのに、現在のオーストリー製の金具のように作用した。そのリベットが飛んだのだった。修理に四十分をかけた。しかし、完全に修繕することはできなかった。捜索に登ったひとたちが持ち帰った牧田さんのスキーを、私は覚えている。バッケンから皮のバンドが一本の紐状に垂れ下がっていた。

スキーの故障が回復不可能と判ったところで、どうして引き返さなかったのだろうか、この疑問は、その後岳友会に入り仲間と山行を重ねているうちに、ある日ふと芽生えたものだった。それを確かめないうちに年月が経過し、当時の仲間で今も山に登っているのは私ひとりとなった。ところが遭難から三十一年目に同じコースを辿ってみて、私はその答を見つけたと思った。山に来てみると、答はまことに簡単なものに思われた。取立山から南に出る尾根の末端はスキーで降りる気持ちになれない所なのだ。そして、中村さんは取立山から谷峠への冬の加越国境尾根をすでに識っている。あとは殆ど下り、それもゆるやかな下りばかりとなるのだからためらうことはなかった。

「行こう、行こう」

加藤さんはかん高い声で叫んだことだろう。中村さんと加藤さんの冬山体験を思い起こせば、取立山はさほど困難な山ではないのだ。加藤さんはその前年の冬、中村さんたちと白山に向かっている。ドカ雪と雪崩に前途を阻まれて登ることはできなかったが、高校二年生としては大変な体験であることに変りはなかった。夏にはやはり中村さんたちと白山の幾つかの谷を登った。その登攀ぶりは誕生間もない山岳雑誌の何頁かを占めるほどのものだった。加藤さんはとにかく山が好きなのであった。学校が違っているのに私たちの山岳部の計画も知っていて、夏休みまでの登山には必ず同行したくらいだった。その上に自分の学校の山岳部の山登り、そして岳友会の山行を考えると、毎週のように山に登っていたのではなかったか。教科書をブックバンドで締めて肩に載せている加藤さんと、私は町で二回出逢った。「またこんど山へ行こう」とその度に話しかけるのだった。しかし、加藤さんのこの優しさが牧田さんを誘い、遭難の遠因となった。

取立山から帰って私は思い立ち、福井気象台に出かけて当時の天気図を眺めて来た。氏名と目的を所定の用紙に記入すれば、部厚く製本されている天気図を見ることができた。

昭和二十五年一月二十一日（前日）二十一時、バイカル湖上空に一〇五九ミリバールの高気圧、低気圧は日本海のほぼ中央で気圧は一〇一四ミリバールだった。低気圧から対馬にかけて寒冷前線が延びている。金沢で降水はないが北陸地方の雲量は十、北海道では雪が降っている。

一月二十二日九時、バイカル湖の高気圧はほぼ同じ位置にある。日本海の低気圧は一〇〇八ミリバールに発達してゆっくり東北東に進む。寒冷前線が島根県の沿岸にかかって来た。輪島で小雨、金沢は雨、北陸地方の雲量は十であった。

同日二十一時、日本海の低気圧は津軽海峡に来て一〇〇〇ミリバールとなった。寒冷前線は本州の日本海岸に沿って九州北部まで延びている。そして、この天気図には東北沖と関東沖に一〇〇四、一〇〇六ミリバールの低気圧が現われ、その中心を結ぶ寒冷前線が記されている。日本は二本の全線の間にちょうどおさまる形になっている。金沢は雨。

私の手元に昭和二十六年三月に発行された藤島高校山岳部の部報がある。茶色に変色しているガリ版刷の「白稜Ⅱ」の九頁に、あの日の天候を推量させる文章がある。

——当日は福井市に於ても正午頃より氷雪がふきつけ荒れ気味であった。それより考えると、山中は相当の風雪であったと思われる。

私はこの文章を長い間信用していたのだが、気象台で天気図を開いた時から考えが変った。少なくともあの日の大半はおだやかな日和りだったのではあるまいか。低気圧が日本海に入り東に進んでくる時には、越前の冬の山ではどんよりとした曇り空となり、谷筋に雪崩れが出やすくなる。しかし、山登りには絶好とはいえないまでも、南風で寒くはないからそう悪い日でもない。ただし、低気圧の接近と共にお天気は急変するのだが。そんな天候判断を私はあれから三十年のうちに学んできた。とにかく、ザラ紙に描かれている二十二日の天気図を開いた時から、——氷雪がふきつけ荒れ気味であった——という文章の意味が私のなかで変化したのであった。あれほど強かった中村さんと加藤さんも亡くなってしまったのだから、その日の出来事を風雪のさ中で、と思いたくなる気持ちは理解できるのだが、そうすると、中村さんは悪天候の中、疲労の激しい牧田さんを励ましてひたすら前進を続けたことになる。

取立山の頂上で四十分をかけてスキーを修繕している間も、天候はおだやかだった。朝からの曇り空の色が次第に濃くなっていて、西空に並び始めた低い雲が気がかりだったけれども、まだしばらくは天気はもちそうだった。しかし、応急修理が終って取立山から滑降を始めたところで中村さんは愕然としたに違いない。もともとスキーのうまくなかった牧田さんは疲れもあって殆ど滑ることができなかった。そして転ぶたびに直したばかりのバインディングが傷んでしまう。

当時私は十六歳で中村さんはまったくの大人に見えた。上級生の加藤さんや牧田さんにとっても憧れの山ャさんであったろう。私は中村さんの山歴をあまり識っていないが、福井山の会の会報（昭和二十八年刊）から中村さんの紀行文の一部を写してみる。

飛騨にて

二月十一日

早朝小母さんのキャットが無断床に侵入して眼があいた。朝飯の支度をしていた小母さんに改めて昨夜の礼をいうと「行きなさるか、本当に気を附けて、雪が深かったら無理をせんと引き返しておいで」と親切に言ってくれた。灰色の重い雲が前の山腹に、当っては巻き上がり、思い出した様にバラバラ粉雪を降らしてきた。二、三寸積ったろうか、新雪にキシキシとスキーを軋らせながら気持ち良い朝を迎えた。白骨《しらほね》行きの釣橋を過ぎ山腹を大きく捲く頃から又猛烈に降り出した。渓流の音が閉ざされた谷一杯に響き、ラッセルする足もとからポロポロ雪が崩れ始め、アノラックも大分凍り始めた。「ヤマブキ隧道」の中は一抱えもあろう氷柱で埋っていたので下の谷を苦労して捲いた。鉱泉の小屋に着いたが錠が下りていて、人がいそうにないので、軒下にかがんで凍りついたオニギリをほぐしコッヘルで温めて食べた。山越しに風が吹きまくり、粉雪で体一杯に吹きついて足先までジンジンして来たので又そろそろ出かけた。物好きとは言え何とも言えん淋しさで胸が一杯になり、もうじき先だろう中の湯を思いながら懸命にラッセルするが、苦しさのあまりストックで体を支えながらあえぎを静めつつ、この淋しい気持ちを打ち破って私を歩かせている穂高の峯々が、この先の彼方にあると思うと縁遠い気がしてきた。中の湯が対岸に見えてくるとホッとした。四時を廻っているのに気がついた。雪が深くて発電所の方の釣橋を渡る時はザアザア雪が崩れて気味悪かったが無事通りすぎ、野天風呂の周囲はカチカチに凍っていた。ヤッホーをかけて小屋の前までくると四ツん這いになってしまった。おやじさんが飛び出してきて「よく来たよく来た　大変じゃったろう」「さあ入れさあ入れ」と靴まで解いてくれ「ところで一人かい?」としげしげ私の顔を見ていたが「うん」というより答える気力が出なかった。又このおやじにも心配かけるかとすまない気になりながら、直ぐ湯に入り思う存分手足を伸ばしながら、夏のあのものすごい人間の渦巻きを思い出した。おやじがランプを持ってきてくれ「熱いか?」ときいて出て行った。窓の外に2米位の氷柱が三本、ランプの光をあびて刃の様に光っていた。谷に入る突風の度に粉雪が頭から湯の面にパラパラ降ってきた。

二月十二日

今朝はぐっすり十時迄寝てしまった。相変らず雪が舞っていたが、いよいよ今日は上高地入りだ。玄関まで啞の息子が送ってくれ、おやじは「カモシカ」を着込み、釜隧道迄来てくれ雪ベラで入口を掘り出し乍ら「中は氷が張っているから右側の板を伝って行け、それから取入の番人によろしく、出来るだけ早く帰るんだな」と親切に送ってくれた。

隧道の出口は木を重ねてあったが、やっぱり入口と同じく閉ざされていた。五分程スキーでほじくり手拭を巻きつけて帰りの目印にした。雪の下の斜面は直角に落ち込んでいたので慎重にステップカットしてトラバースした。落ちれば別世界へ直行であろう。五〇米程行くと突然今切って来た斜面が一〇米程雪崩れ雪煙がどっと谷に上った。背筋に冷たいものがサッと走った。

梓川が大きく開いて来て、焼岳の尾根の裾の方が雪の切れ間に見えて来た。もうすぐと雪の上で、とっときの「茹あずき」を温めて食っていると、雪も止み焼岳の尾根の雲が散って動き出した。どうも明日は晴れるぞと思った。

山鼻を大きくぐっと回って、大正池の取入口についた。突風に追われて小屋に入りお茶を馳走になって昼食にした。番所《ばんどころ》の斉藤さんにもらった餅を出すと「取っておきの砂糖がある」と言って出してくれた。山の様子を聴き出すと、もう峯々に話が走って一時間も腰を上げられなかった。大正池を辿《たど》り林をぬけ、美しい庭園の様な田代が池には三羽のカモがじっと動かず浮いていた。上高地の原に入ると六百山の谷間から舞降りてくる飛騨越しの寒風が、猛烈に粉雪を吹きあおり渦を巻き、白樺の小枝をゆるがしながら岳沢の林へ過ぎて行った。めくらの様に頭巾を目深くおろしぐんぐん飛ばしながら、明神や六百山の山腹を印象的に眺め、ブンブン鉄線の鳴る河童橋に来て「とうとう上高地に来たか」と、今迄の苦労も何もかも忘れてしまった。

明日はいよいよ「穂高入り」だと思うと、新しい希望と闘志が湧き出し、思い切り奥穂の峯々に向って「ヤッホー」を掛けた。

人の声をきいて白樺荘の番小屋から出て来たのは、いつもと変らぬ片目のオヤジだった。

（未完）

（十四日西穂よりジャンに向った。中村義追記）

＊

取立山の山頂でナイロンクライマーを外しているうちに雪が降り始めた。西に黒雲が幕を引いたように広がっている。近くの山の頂はすでに見えなくなり、山ひだは降雪のかすみの中にまぎれようとしていた。私はゆったりと延びている国境尾根目がけて引力に身体をまかせた。風の音が大きくなったところで、斜面に現われた雪の波が高くなる。波の底には堅く凍った雪が平たくなって隠れていた。二列目の旧雪の界で私は足をとられた。

今では取立山の斜面が国境尾根と合流する所近くに避難小屋が建てられている。ただ、当時この小屋があったとしても、中村さんはそれを利用しなかったろうと思われた。下降は始まったばかりだ。牧田さんを励ましながら前進する方を選んだことだろう。

雪の輝きがにぶくなり辺りの山はだはくすみ色をおびてきた。遠山を隠している霧が温みを抱いていると見えてくる。私のスキーは俄かに滑りが悪くなった。プラスチックの滑走面にごってり雪が付いている。こんなことってあるのだろうか、とスキーを裏返しにしてパンを食べた。近くの木々の枝が黒ずんできて気温はプラスに近いと思われた。その後スキーはとうとう滑らなかった。諦めて再びクライマーを付けることにする。長くゆるやかな尾根をスキーをはき、歩いて下らなければならなくなった。たちまち汗が出る。

あの日、牧田さんはこの尾根の先でストックを折りスキーをかんじきに替えたのだった。そして、ちょうどその頃より南下してきた寒冷前線の影響が山に現われる。越前かんじきはしもぶくれの輪の先が上に反っていて、その下につまさきを入れ、かんじきをひっかけるように歩かなければならないのだ。山では馴れていないとなかなか使いこなせない道具なのであった。

あれは昭和二十四年の八月、竹田川にキャンプに行った時のことであった。牧田さんは歩きながら大声で

「――がしたい」

と叫んだ。それを聞いてあまりのおかしさに私たち一同の足がもつれてしまったことがあった。

中村さんの遺体から発見された手帳がある。その中から遭難に関わるところを書き移してみる。文字に乱れはなかった。

一　記録
木根橋　七・〇〇
谷部落　七・三〇
東山（下）八・三〇
東山（上）九・〇〇
稜線　十一・〇〇
取立頂上　一・〇〇
取立頂上　一・四〇
ビバーク　四・〇〇

二　牧田について

稜線に出る前よりクラストしていた為か少々隊より後れ気味となり、稜線に出て取立山にとりつくあたりに於て相当に疲労してゐた。頂上にてバッケンがこわれたので修理に四十分ほどとらせた。その後パンを少々食わしめた。取立下降よりバッケン及びスキー技術があまり上手でなかった（疲労のためか）、取立のスロープ下降より目立って疲労しはじめた。

護摩堂峠より東山の三ヶ峰に急遽逃げることにした。峰の上の瘤の上のスロープで疲労極度に達した。時間が四時近くであり此の辺でビバークをと考えた。加藤を少し先に出してビバーク地を選定せしめた。此の時より風雪が激増になり視界がきかなくなってしまった。牧田をワカンにかえしめた（ストックを折った為）ワカンも具合が悪いらしく二歩前進顚倒と言った状態だった。加藤のビバーク点の選定が出来たので場所は牧田の顚倒より約百米程稜線を下った所だったがもうロレツが廻らなくなって食事もうまく行かない状態に迄進んでゐたのでザイルでジッヘルしながら、ビバーク点迄下ろした。風稍強くなり降雪もはげしくなった。雪庇を利用してイーグルを作るつもりだったが、粉雪の為かうまくいかず、天井に杉とスキーを敷き雪をかぶせて応急雪洞にかへた。牧田は加藤に附添わしめて着物を乾いたものととりかへしめた。その間穴をスキーと手で掘ったが、雪が軽く崩れ落ちてしまった。二度目にどうやら出来上ったわけである。直ちに牧田を穴中へ入れ携帯燃料で暖をとらしめた。入口も出来上り一同洞内に入る。この間約一時間半を要した。温度は相当下がってゐると思ふ。

風は午後六時半頃よりやんだが降雪は相変らず降りつづいた。牧田は知覚に少々異状を起してゐる状態であった。暖かいものと思って応急テルモスの番茶をやったが一杯程でなくなってしまった（以前から牧田はよく飲んだ）携帯燃料を利用してテルモスのふたで雪をとかしその中に蜜柑をしぼり、ビスケットを崩して与へた。脈博六〇、緊張していた。午後七時靴を代へしめた。乾いた靴下の上にオーバーシューズをつけせしめ、四十分程携帯燃料をたき暖をとらしめた。此の間飴玉を一つとらしめた。午後八時半頃少々元気が出て来たのでねむらせる事にした。牧田は「寒い」と言ってゐた。以前は感覚もボーッとしていゐたので牧田は「すまんすまん」と言っていた。便意を催して来たので、附添って穴から出してやった。おそろしく長い便であった。携帯燃料も一ヶ使ってしまった。あと一ヶしかないので夜明け前の寒い時にたく事にした。スキーワックス・マーガリンであとは補ふつもりである。加藤はしきりに歌を歌って元気づけていた。が或は寒い為かも知れない　午後十時記

吹雪やみて
月出でぬ
かへらぬ友よ　まつ
北アルプスの
咲けよ　コマクサ
明けにさへ

（原文のまま）

「牧田について」は原稿用紙三枚の長さだった。うつしていて、牧田さんの生前に書かれたものか否かの議論があったことを思い出した。ビバーク中に中村さんが長い文章を書く気持ちになったのは、牧田さんの死の予感があったからであろう。死後に書かれたと思える、咲けよコマクサの詩は大きく走り書きとなっている。

＊

寄せてくる雲に隙間があるらしく、のっぺりと白い山はだが真白に浮きあがり、形を変えながら動いて行く。私は護摩堂峠手前に三時四十分に着いた。身につけていたものの氷が溶けて、気味悪くねばりつくように思えてくる。峠の西斜面が俄かに高く見え、国境の尾根を追って進む気持ちが、ここに来てなくなってしまう。

一月二十三日、早朝よりこの山稜一帯は風雪だった。九時の天気図によると、バイカル湖上空には一〇四〇ミリバールの高気圧があり、津軽海峡には一〇〇四ミリバールの低気圧がある。きのう九時には日本海沿岸近くに延びていた寒冷前線は太平洋へと抜けている。輪島、金沢には降雪のマークがあり季節風の吹き出しがうかがわれるのであった。

中村さんと加藤さんは牧田さんの遺体を稜線上に索き上げ、目印となるようスキーを立て、不用と思える荷物を残して山を下ることにした。視界は悪かったけれど下山に危惧の念を抱いてはいなかった。それは牧田さんの傍に残されていた装備の一部と、十数コのオニギリが示している。

稜線から東山に出るには室目谷を下降し、尾根をひとつ左へ横切り、滝谷を渡って更に左の台地に出なければならない。現在の三色刷りの地図で見ていくとそうなる。ところが、墨一色の昔の地形図では東山の位置が東に寄っていて、室目谷を下降すれば滝谷との合流点でむらに出ると読みとれる。中村さんは合流点近くで亡くなり、加藤さんは滝谷を一キロあまり下って亡なった。

室目谷を見おろしながら私は長い間ただ立っていた。谷の周囲の木々はすべて伐採され、古シーツを掛けたような白の斜面となっている。雲の底が少し高くなって山の景色が見渡せるようになっていた。中村さんの経験をもってすれば、何ほどのこともなかろうと思える山と谷のたたずまいだった。たとえその日は風雪であったとしても。しかし、それは心身ともに健全であった場合のことになる。

室目谷の左岸に国道へと延びている細い尾根がある。その続き具合いを見届けてから私はスキーの向きを揃えた。国境からの斜面は急角度となって一旦視界から消えているが、その先には白くうねる尾根が連なり浅い林へと続いている。

姿勢を低くして滑り出したとたんに私の身体は宙に浮いた。思わぬ所にあった雪庇から飛び出していたのだった。私は重力を感じない世界に浮かび、次の瞬間、顔から吹き溜りの雪に突っ込んでいた。落下したという感覚はなかった。予想し得ない出来事が生じた場合、人間の感覚はその現象に追従することができないのではないだろうか。私は意識の断裂と空白を感じ、この世とあの世を隔てている壁を越えてしまったら、こんな気持ちになるのだろうか、と新雪にまみれてぼんやり考えているのだった。

蛍

はじめ、磁石がおかしいと思った。

前に、大雨の中で残雪を縫いながらヤブを分けているうちに（あくる日の新聞に、花にあらし風速三十メートルという見出しが載った日だった）、磁石の針のふれが次第に怪しくなったことがあった。ゆすってやると、針はくるりと廻って止まるのだが、その方向が僅な所で違っている。雨と風で賑やかな山の中で、こちらの気分もつられて騒然となり、いらいらと磁石を振り廻すうちに、しまいには針を受けるところがどうかなったらしい。やがて勝手気ままな方角を指すばかりになってしまった。四月にそんなことがあった。

今日は雨と風はないけれども、あの日のようにガスが深い。それで、私の考えと、ほぼ正反対を指している針を見た時には、磁石がおかしくなったと思ったのだった。

しかし、新しく買ったオイル磁石の針は（リキッドフィルドと方向板には書いてある）、左

右に首を振ることなく、自然に一定方向に止まる。私は根曲り竹を分けて近づいてくる酒井さんに、

「能郷白山（一六一七メートル）に向かってるぜ」

と大声で言った。

「のーご白山やって？」

「ほらね」

私は磁石を見せた。

「そんなバカな」

酒井さんはそれっきりで口をつぐんだ。確かにこれは、そんな馬鹿な、としかいいようのない出来事だ。私たちは、福井と岐阜の県境をなす尾根で、能郷白山には背を向けて、ヤブを分けているつもりだった。暗いガスの中でも山の丸みが判るくらいの尾根だった。根曲り竹のヤブは一級品と言える代物で、我慢をすれば分けて行けるものだった。ところがそんな尾根を歩いていて、しかも、位置確認から数分のうちに、進む方角が一八〇度変わってしまった。酒井さんが、そんな馬鹿な、といって黙りこんでしまったのも無理はない。

振ってもふっても南東を指す針を見ていると、頭の中の方向感覚がばらばらに崩れていく

ようで、膝の力が抜けるのが分かる。汽車に乗っていて、夜中にふと目が醒めた時など、どう考えてみても、反対向きに走っているとしか思えない——、そんなことは何度かあったけれど、今はあの時の気分に似たところがある。磁石の針の示す方向は理解できるのだが、私の感覚はそれを拒絶している。

しかし、よく考えてみれば、磁石を出して確かめたくなる気持ちになったのは、進行方向にかすかな疑問が芽生えたからでもあった。根曲り竹のヤブに、見覚えがあるような気がした。ぎっしり生えている竹の幹の色、その倒れぐあいに、どこか親しみがある。朝から根曲り竹をかき分けて来て、今は十一時少し前。約三時間ヤブを分けたあとに、見覚えのある竹ヤブが出現してきた。

でも、どうして西行きが東向きになってしまったのだろう。しかも尾根の上で——。疑問符でふくれた頭はそのままに、私たちは廻れ右をして根曲り竹の急斜面を下った。

下っているうちに尾根を少々岐阜寄りに外したらしい（さっきも書いたが深い霧の日だった）。私たちは浅い谷に出た。見ると軟かい黒土に山靴の跡が残っている。こんな所に登ってくる人もいるんだなあ——、と一瞬思ってから、はっと気がついた。

――これは私たちの足跡だ――。

つい今しがたも、この窪みに出て浅い沢をほんの少し詰めて尾根に戻り、左の高みへと登って行ったのだった。つまり、東の方から下って来て、水のない沢をちょっと詰め、西に向かって進んだのだった。ところが、いつの間にかもと来た方へと進んでいた。

黒土に残ったはっきりした足跡を眺めていると、自分が二人に分かれてしまったようで、気分がおかしくなる。見知らぬひとがヤブを分けて通ったその直後に、出くわしたような気持ちになる。足跡を黒土に印して去った私と、足跡をしげしげと眺めている私。自分が二分されたような気持ちになってしまう。

今度は浅い窪みは登らなかった。そこはさっさと横切って反対斜面にとりついた。

それから二時間あと、私たちはまだ根曲り竹を分けている。あれから一〇〇〇メートルくらい進んだろうか。暑くなってきた。笹の葉が乾いてほこりが舞う。分けて行くと口の中がざらざらしてくる。辺りは明るくなって、遠くの尾根が見えかくれする。しかし、行く手を確かめようとする時に限って、霧が深くなっている。目に幕がかかっているような気分になる。いらいらするがどうにもならない。肩が痛くなってきた。ヤブに払われてザックの様子がおかしくなっている、それで肩が痛むのだろう。ぼんやりした頭で背負い紐が伸びたザックを考える。

思いきって、ほんとうに思いきってザックを下ろしてみる。どこも緩んでいない。すると、肩の傷みは、朝から竹ヤブを押し分けて歩いて来たせいなのだろう。向う脛には青じみがだいぶ出来たぞ、と思う。時間とともに、しだいに強引な歩き方をしているのだから、しょうがないことであるが――。

今日のコースを地図上で追っていくと、県境の印が楔形に画かれているところがある。本州の分水嶺となる山脈に鋭角がある。これはかなり珍しい地形ではないだろうか。ヤブを分けてそこまで行った時、えいめんどうなりという気持ちが起きて、一直線に近道をするかもしれない。それでは「県境の完全縦走」とはいえなくなりますね。私たちはそんな話をしてやって来た。

ところが問題の地点に来てみると、分水嶺は直線状で、T字形に尾根が岐かれているだけであった。

竹ヤブを押し広げて、苦心して向こうをすかして見る。逆光線で澄んだ緑に変った笹の葉の間に、平凡に連なっている県境の尾根が見えた。

「まっすぐって分ったけど」

「やっぱり、地図に曲げて書いてあるんやから」

酒井さんがきっぱりそう言ったので、地図上では楔形の頂点、実際にはT形に岐《わか》れた尾根上の、一二八二の三角点まで行ってみることにした。コレクション（三角点の）を殖《ふや》すのも悪くないぞ、という気分がある。

しかし、約一時間かかって根曲り竹を分けて着いた頂上で、私たちは三角点を見つけることが出来なかった。一面に竹がぎっし生えた頂上なのだ。霧に閉されてはっきりしないのだが、木登りをして見ると、小さな学校の運動場くらいはありそうに思えた。隈なく捜してみようという気持ちにはとてもなれない。私たちは竹を分けて座りこんだ。真上の霧が白く光って、地面に影が映りそうだ。

「さっきワンデリングした所、あれなんでか分かったよ」

私は地図裏に描いた略図を酒井さんに見せていった。

「あの浅い谷、あの谷は県境に直角に終わってなくて、こんなふうに曲っててね、僕らが下って来た尾根にくい込んでいたんでないやろか」

「するとどうなりますか」

「僕ら、谷の消えたとこから、左を向いて、高い方高い方と登って行ったやろ」

私は鉛筆の線を伸していった。

「ほらね、こうなっていつの間にか元来た方へ行ってしまうやろ。きっとそうやと思うなあ」

「でも右から来て、沢を少し詰めて左へ行ったんですからね」

「その沢がこう曲がっていたんやぜ」

「そうかなあ」

酒井さんはなかなか疑い深い。

それから私たちは四時まで尾根の笹を分け、長い沢を下った。林道に出るのと殆ど同時に暗くなる。近道をして渡った雲川に、たった一匹蛍がいた。


（一九七九年七月）

声

今年の冬は長く、春の彼岸が近くなっても天気図に冬型の季節配置が続いた。いつもの年であると、裏の八幡山でウグイスが鳴き始めるのは、三月上旬であるのにその声も聞こえず、彼岸が来てしまう有様だった。

「冬が春の領地まで進出している。」ついそんな気持ちにさせられる日があった。

福井市の近郊に近年になって開かれた墓地の雪も、大雪だった昭和五六年以上に残っていた。あの年の彼岸には三十センチあまりだった残雪が、今年は一メートル二、三十センチは確実にあり、小さな五輪塔は雪に隠れて見えず、掘り出すまでにいささか苦労させられた。

若狭に多く降ったのも今年の特長だった。

三月四日の日曜もそんな一日だった。この日私は車で若狭の美浜へ行き、国道から別れて耳川に沿って更に走り、新庄のむらはずれから、スキーで庄部谷山に登った。

早朝、家を出る時には身体がきゅっとひき締まる風の冷たさだったが、福井での新雪はゼロに近く、私は凍った路面にいささかの注意を払って車を走らせるくらいであった。ところが敦賀から先では、にわかに雪が深くなり、耳川上流の新庄まで来ると、一番のバスとすれ違うのもようやくの有様だった。

庄部谷山は高さが八百五十六メートルあって、千メートルを越す山のない若狭では高山にはいる。

車を駐めて、道路はしでスキーを着けている時、青空が広がり始めた。新雪を冠った雑木林に日が射し、山が一度に明るく鮮やかに浮きあがる。

私は新雪に彩られた林の中を、ジグザグのシュプールを描いて登って行った。だれもいない山の中に、自分だけの足あとを残して行く、なるべくきれいに付けて行こうと心がけた。振りかえると深い雪にひと筋の線が、白い林の奥に延びている。

やがて尾根は白一色に変り、足もとに見える新庄のむらから、美浜に流れる耳川の果てに、黒い海が見えてくる。日本海の空に、重なりあってわだかまり始めた雪雲の影で、海は黒く見えているのだった。

私は、少々急峻となってきた粉雪の斜面に気をとられていたので、その声がいつから聞こ

えていたのか、はっきりしないのであるが、しばらく前から耳に入っていたその声に、改めて気持ちを動かされた時、

「ああ、むらはずれの山で子どもが集まってスキーをしている。今日は日曜だった。」

と思った。四・五人の子どもたちがもう外に飛び出しているのだろうか、今聞こえたかん高い声は、ソリ滑りしている女の子。その様子が見えるようだ――。

そのあたりまでぼんやり考えて、私はハッと気がつき立ち止まった。

「こんなに深く山に入っているのだから、むらはずれの子どもの声が聞こえるはずがない。」

声のする方向に目をやると、隣りの尾根にサルの群れがいた。

登り始めの頃に広がった青空は、今では南に細く小さくなって、低く流れて来る薄墨色の雲から、雪が舞い始めている。サルの群れは、隣りの尾根のブナやミズナラを主とした落葉樹の林にいた。枝の先きにいて木をゆすっているもの、幹の途中、枝分れのところにいるもの、林の中を歩いているものなど、数えてみると十五頭か十六頭いた。サルの群れはひと時もじっとしていないから、数えるたびに十五になったり十六になったりする。

以前にも私はサルの声を人の声と聞き違えたことがあった。その時も冬の山で、しかも今

回と同じように、山が新雪に覆われた日であった。こんな風に書くと、山に雪が降った日のサルの声は、人の声によく似ている。そんな結論を私が出したがっていると聞こえるかも知れないが、短兵急にそんな結論にとびつく気持ちはない。

ただ、雪が新しく降って風のない日の山は、ほんとうに静かであるから、細かな表情を持った音が、よく聴き分けられるのかも知れない。

前にサルの群れと出会った所は、私が今いる庄部谷山の尾根から伸びあがって眺めると、東に真白に見える赤坂山の更にその向こうの、黒河《くろこ》峠であった。

その日は一日、かんじきをはいて雪の山を歩いた。夕方近くになってようやく滋賀県のマキノに降りて、雪に埋もれた道路に出たところだった。

「やれやれ、今日は長かった」

そんな気持ちでかんじきの紐を解いていると、近くの山で、

「ホウ。」「オウ。」

とかけ合う声が聞こえてくる。その時は、

「滋賀県のひとは真冬だというのに、こんな時間まで山仕事をするのだな。なんて勤勉な人たちだろう」

そんなことを私は反応のにぶった頭でぼんやり考えていたのである。

私に「ホウ」とか「オウ」と聞こえてくる声を、たとえば、「オーイ、そろそろやめようか」とどこかで叫んでいる。その声にだれかが近くで「オウ」と答えている。そんな案配に聞こえてこない声をぼんやり想像し、山仕事の人の声と聞いていたのだった。

立ちあがると突然、頭上で「キーッ」と声が走った。見あげれば、ひとむらの林の枝から枝へ、ざわざわとサルの群れが移動しているのであった。

ボスと呼ばれるらしい群れの指導者はすぐに見分けることができた。ほかのサルの二・三倍はあろうかと見える堂々たる体格で、笹を分けて登って行く。ひときわ豪華な銀白色の毛並みがすばらしかった。「あいつは毛並みが違う」ということばを私は思い出し、なるほど、と半ば感心して見送ったのであった。

その銀白色の親方ザルは終始無言で、時々私を振り返りながら笹の間に見えなくなったのだが、その赤ら顔が意味しているものは、はっきり汲みとれた。それは警告であった。たとえば、「おまえさんよ、無断でこんな所へ来てはいけないぞ、いつも無事にすむと思ってはおおまちがいだな」

とでもいうような。

ずっと昔、子どもを連れて名古屋の動物園に行き、ゴリラの檻の前で私はすっかり考えこまされたことがあった。冬の雨のさ中で、動物園に見物人はほとんど見えない日であった。私はゴリラの苦渋に満ちあふれたその目と視線を合わせ、

「ああ、ここには哲学者が捕らわれている」

と思って目をふせてしまったのである。それ以来私は動物園に出かけたことがない。

黒河峠の銀白色のサルの表情にも、ゴリラと同じように人類を感じさせるものがあった。本によると、サルは群れで行動する時、常に声をかけ合っている、ということだ。その声にも幾つかの種類があるという。そうすれば、私のようなうかつな人間に、その声がついひとの声と聞こえることがあっても、おかしくないだろう。

「こちらから、サルの声をまねて声をかけたらどうなるだろうか」

庄部谷山の尾根で、突然私はそう考えた。

「これが本当のサルまねかしらん。」と思いながら、大声を出してみた。

「ホウ」「オウ」「ホウ」

するとサルの群れは静かに動き始めた。一頭、また一頭と同じふみ跡を辿って尾根の向こうへ姿を消して行く。

頂上へ着く頃になると、お天気が変って雪が盛んに降り始めた。美浜の海が見えなくなり、隣りの雲谷山も隠れてゆく。

弁当を食べ終えて、私はスキーを再びつけた。尾根を降りて行くと、登りのシュプールが風と雪ですでに消されている所があった。

そのような白い林に来て、私は大いに驚かされた。シュプールの消えている林の中で、サルの足跡が四方八方へ、入り乱れて延びているのである。

しばらくそれを見ていると、独りでに笑いがこみあげてくるのを押え切れなくなった。そして、

「サルのやつ、やりやがったな」

と私は思った。

あんなに大勢のサルの群れだから、この足跡は向こうの尾根に食べものが少なくなって、こちらへ渡って来たもの、と見るのが妥当なところだろう。しかし私には、親方ザルのかけ声のもと、

「シュプールの消えたのがいい機会だ、四方八方に足跡をつけて、おかしな声をかけやがった人間を迷わせてやれ」

とばかりに、サルの群れがさんざんに暴れ廻ったもの、と見えたのであった。
今になって庄部谷山を思い返していると、あそこで迷ったふりをしていたら、どうだったろうとつい考えてしまう。

（一九八四年三月）

死火山

「荒島岳の写真持っていないかい」

三月の終りごろのある日、チムニーという喫茶店のカウンターに坐っていると、あとから来た小村さんがそう言った。

「あると思うけど――」

「初夏のが欲しいんや」

「荒島の夏はぱっとしないですからね。でも、五月ならあるはずです」

「それ貸してくれんか」

「捜してみましょうか」

「頼むわ」

そんなことがあって、私は家で彼女のアルバムを開いてみた。アルバムに荒島岳が貼ってあることは分っている。写真は彼女が丹念に整理していた。アルバムは八冊あり、No.8の荒島岳が最後の写真のはずだった。私はここ四、五年開いたことのなかったアルバムを書棚から思い切り引き出した。五月始めの休日に荒島岳に家族登山をして、写真はその時のものだ。しかし一目見て、それは初夏の荒島岳の写真として山岳雑誌には使えないことが分った。一五〇〇メートルを少し越えた山でも、北陸の山だ。まだまだ山肌に雪が多い。初夏というより晩春の写真だった。

アルバムを開くまでは、そのことを思っただけでも、心にわだかまりが湧きおこり、写真帳を手にすることもなかったのだったが、小村氏の依頼がきっかけとなった。写真を眺めていると、心に蘇えるものがある。アルバムを掌から離し難い気持ちが生まれて、私は白い頁を繰っていった。彼女の整理した写真は五月の荒島岳でおしまいになっているのだが、ずっとあとの頁に、私が貼った何枚かの写真があるはずだった。頁を閉じるにはしのびない気持ちで、おしまいの写真を改めて眺めようとしているうちにアルバムの空白頁から、四つ折りにした便箋が出てきた。

きっちり折り目のついた白い紙を開くまでもなく、その内容が私に解った。内容はそらんずるくらいであったから、見なくても解っていたのだった。しかし、アルバムの中にあったのは意外だった。私はその便箋の行方をここ数年心にかけていた。ついに完結しなかった彼女の手紙を剥して私はどこかにしまい、残りの白紙を小箱に入れたのだった。彼女はその手紙をボールペンで書いていたから、白紙に筆跡が写っている。四つ折りにした手紙が行方不明となってから、私は白い便箋を読みかけたことがあった。しかし、それはなかなかに難しいことなのだ。遠くからみたところではいかにも読めそうでいて読めない。それで、そのうち出てくるさ、と半分あきらめの気持ちになっていた。彼女が残した書きかけの手紙の内容は、既に覚えている。けれども大凡の内容は覚えているといって、実物を手にしたいという気持ちは、忘れ難くあったのだった。その便箋が出てきた。

憧れの八ヶ岳へやって来ましたが、天気が悪くて、渋の湯から黒百合平まで上ってそのまま沈殿しています。烈風がガスを吹きまくっているという状態で歩いて歩けぬことはないでしょうが、お仲間でもあればともかく、一人でこんな中に出て行っても心細く淋しいばかりだと思って外をながめています。全身無力感があって、とびたつようなはずんだ気持になりません。昨日の短いゆるやかな登りも、しまいには五分おきに休むようなありさまでアンナプルナという目標がなくなったせいか、年をとったせいか、ともかくもう山歩きもおしまいにしなければという感じです。今日も、せめて夏沢峠まで行っておくべきだなあと何度も思いながら動く気力がありません。黒百合ヒュッテは主人と相客一人、その相客もひるごろ出て行き、通りかかる人とてなく、現実ばなれした静けさです。——

諏訪と佐久の二つの国に流れる、ゆるやかで広い裾野から推量されることなのだが、旧るい昔、八ヶ岳は富士よりも高く聳えたことがあったらしい。しかし、崩壊期を迎えた火山はしだいに変容した。現在は崩れ易い岩稜が長く連なるばかりとなっている。その山脈上には、顕著な峯を幾つか数えることができるから、八ヶ岳の名称はその山容に由来するのだろう。そして頂上を連ねる稜線は、北にゆくにつれやがて黒木に蔽われたおだやかな山なみとなり、蓼科山、霧が峯、美しヶ原へと延びている。黒百合平は、そのおだやかな八ヶ岳北半分と厳しい南の八ヶ岳の接点近く、深い森の間の草地の印象を止めてはいるけれど、岩場も見え隠れしているといった所であった。彼女は八ヶ岳行の年の正月に、ヒマラヤのアンナプルナの氷河末端まで徒歩旅行していた。

私は四つ折りにした便箋を開き、しばらく眺めていた。これがくせの少し長めの字体でよどみなく書かれている。この未完の手紙が彼女の最後の文章になった。彼女は書きかけの便箋を閉じてザックに納め、翌朝五時黒百合平出発。同日午後、杣添川上流の大滝に転落死亡した。

私たちは夕べの気配が濃くなった谷間の山径を歩いている。夏の午後の雲が重く低く山肌にふりかかって、黒木の林の下草の緑は暗い鮮やかさを見せている。山風が途絶えて沢鳴りが身近かになる。私たちは八ヶ岳山中の赤岳鉱泉をめざして歩いていた。真夏の大勢の登山者は、今日の泊り場にとっくに腰をおちつけた時間になって、山の森が深くなっている。時たま交わす私たちの言葉も、静かな池の淡い波紋のように、林の奥のくらがりに拡散し消えていく。私の前を行く三人の娘たちはいつか黙りこくって歩くようになった。夜の山径をカンテラを点して歩く時のように、私の周りのほんの僅かな空間に、ささやかだけれど明るさが差して、それがたそがれかけた林の底を移動している。そんな光景を思いながら私は登っていた。

あれからまる五年経っている。娘たちはそれぞれ成長した。一度八ヶ岳に登り、彼女たちに事故が起った所をしっかり見せておくのも、私の務めではないだろうか。娘らは年齢に応じて入学試験を迎える時期となり、夏休みに四人そろって二、三日でも山を歩けるのは、今年で終わりとなるかも知れない。そう私は考えたのだった。彼女の死を思い返すことは、娘たちにとっても意味のあることではないだろうか。

ところが、その計画を話してみると、娘たちはいささか意外な反応を示したのだった。夏休みにみんなで山登りをするぞ、といったとき、一旦嬉しいと盛りあがった喜びが、場所は八ヶ岳と口に出した途端、みるみる沈んでいくのが分った。イヤだ、と真先に言いたいのだが、私のことも考えてか、それじゃしかたなしについて行こうか、そんな様子だけを見せている。もう想い出したくないのだろうか。

しかし、娘らが見せたためらいは、人生で死と一度も対面したことのなかった者のみが感じとれる、死への漠然とした怖れからであったとあとで分った。彼女の命が絶たれた山に、今度は自分たちが登る。なんだか縁起が悪く思われる。私たちは安全といえるだろうか。そこでは死神が待ち構えているかも知れない。八ヶ岳と聞いただけで心がすっと強張ってしまうのだ。死ぬことと、正面きって向きあってしまいそうな気分がする。娘たちはそう思ったらしいのだ。それで、暗くなり始めた山径を妙にひっそりと歩いていた。

更に雲が低くなって、霧と見えるくらいになった。クリームがかかった霧の底が山肌の木々の梢を滲ませる。細かな雨が落ちてくる。夏の夕刻に、谷間に集まった雲から零《こぼ》れるごく細かな雨が、山径の小石を黒く染めている。いったいこの先、赤岳鉱泉の山小屋まで、どれほどの距離があるのだろうか。ふと、心に差したわだかまりが、黒く拡がってゆく。近くの沢鳴りが、突然、冷たく聴こえてくる。私は北陸の小さな街で地図を手に入れることができなかった。たぶん、そう遠くはあるまいと思っているのだが。

雪渓で仰向けに斃れていた彼女のポケットには、ビニールで包んだ二枚の地図があった。しかし、私はそれをどこかに仕舞い忘れ、その場所を出かける前に思い出すことができなかった。

娘たちの様子に気づかされたのだが、私は山での死に、ある慣れを持ちはじめていたのではないだろうか。もちろん日常茶飯事などと言うつもりはないけれども、山での死に対面した時の、心の構えみたいなものが、できてしまっていると思えることは確かだった。屍体と向きあった時の感情のうねりを、胸の片隅に押しやるようにして、その場の現実のみを考える。山での屍体は、生者にとって安全とはいえない処に横たわっているのが普通であったから、現実のみを考えなければ、自分の行動につまずきが生じるであろうことも事実であったのだが、十を越える死者と出逢ううちに、そのたびごとに胸のどこか片隅に、ぐっと押し込めるようにしてきたもののうちには、回復不可能な心の動きも混っていたのではないだろうか。それが石の塊に成長して私の内にある。その石の塊を八ヶ岳の夕暮れの森で、娘たちによって気づかされたのだった。

　私が山で初めて死に出合ったのは、先頭を歩いている長女の年齢の時だ。新制高校山岳部の上級生がスキー登山で疲労から凍死した。それは町の山岳会の指導者が同行した山行の途中に起こった事故だったが、原因は、まだ十分といえなかった戦後の食糧事情と、戦前に購入されていたという、疲れたスキー用具に求められるのだろう。しきりに私はそういう話を聞かされた。過去の知識として私の頭の中にその事故はある。しかし、私はまた別の映像も所持していて、それは知識とはかなり異なる形で貯えられているらしいのだ。

　一行三人の屍体は、登山の日から四日あとに、最後の時の姿そのままに、山ふところの小さな寺の御堂に並べられていた。検屍を待っていたのだろうか、カーキ色の防風着を纏った三つの屍体は、畳を剥いだ板の間に、ただ三列に並べられ、それだけで寺の空間が占められていた。堅く凍みた肉体は厳冬の日暮れ時にも、どこからか、緩み始めているらしく、二人はまったくのびのびとねころんでいた。だが、あとの一人は自然に足が開いてゆく有様を、家族が拒んでいたためか、水をたっぷり含んで重くなったスキー靴が、合わせて細紐で縛られてあった。この期に及んで何を今さらという様子で、足をばらりと開いた屍体と、足を縛して沈んだ入水屍体を思わせる一体が、ともに、残された家族の無念さをそのまま表現するように並べられていたのだった。

急ごしらえの雪洞の中で息を引きとった先輩の顔は、唇に紅が差して、つややかで、その肉体は、唇にすべての血汐を集めたかのごとく、白く柔らかだった。夜も更けてから数人の近親者がむらの火葬場《さんまい》で湯灌をした。カンテラを持つ私の手が揺れると、白い屍体の影が揺れる。介添の手がはずれると細い腕がしなだれる。人の気配は雪の中のむら外れのさんまい小屋だけにあり、その入口から洩れるカンテラの灯りは、周りの闇に閉じ込められるようにして、僅かに暖かく、その黄色の小さな空間だけが、人間の棲息しうる所に見えていたのだった。

夕暮れの林の底を、私たちは黙って歩いている。私たちを真ん中にして、目には見えないけれど小さな空間が生れ、私たちの歩みとともに移動している。黒木の森の中で空間は感じとれるほどではないが、少しずつ狭められてくるらしい。私の周囲にはそんな気配があった。

黒木の林が終り、広い河原に出たところから小屋の屋根が見えた。テントを張り終えるのと殆ど同時に闇が来る。

白い朝が来てた。

死火山の赤い頂稜を蔽った霧が、岩肌めざして這いあがった黒木の林に降りかかる。林のつきる所から、山径はいきなり赤茶けた崖に出て、そこにはもはやゆっくり腰を下せる草地はなく、鎖場が始まっていた。娘らは鎖を引き歓声を交し合って登っている。霧に消えている崖の径は、更に高みへと続いているらしく、霧の彼方で始まった落石の音は、仲間を加えて重い響きとなり、周りの山肌にこだました。

娘たちには危険すぎる山径を、私は選んでしまったのではないだろうか。亦しても灰色がかった気分が、今朝の霧のようにすべてを包みこみ湧きあがってくる。見上げれば、白い空間に呑み込まれている山径は、更に傾斜を増してせり上がっていくらしい。

この山径が、八ヶ岳を形作る頂稜の一角に向っていることは、森の中で見た道しるべの知識で知っている。だが、地形図を持たない私には、霧に隠れている山が大きく広がり、しだいに複雑に嶮しく思えてくる。八ヶ岳を構成する尾根や谷の集まりのなかで、今登っている崩れやすい岩稜がいかなる位置を占めるのか、そして、岩場を行くこの径がこれからどのくらい続くのか、子どもを連れた山登りのコースとしてふさわしいものであるのか、ないのか。私たちは、頂稜から肋骨のように突き出た、小さく細く、しかも急峻な岩稜に踏み入っているのではないだろうか。山中で死は突然訪れる。踏み出した一歩が生死を分けることがあった。当人の意志で、と決めつけるにはあまりに小さな、そして平凡な一歩であったがために、そこに、運命の手といわれるものがするりと入りこんだのだろうか。それとも、あまりにあっけなく踏み出された一歩の運びの中にも、摂理と称される意志が介在していたのだろうか。私は自分が立ち会ったはるか昔の事故を思い出した。

黒いまでに晴れあがった空に向かって、競りあうように立つ灰色の二つの岩場がある。その下の滑らかな岩棚を登って行くと、死者のザックから零《こぼ》れ出たいろいろな品物が真夏の光を浴びていた。マッチ箱から飛び散ってしまったマッチ。それらを一本一本拾いながら私は岩場を登って行った。そこはまだ岩壁といえないくらいに緩かで、見上げたところでは岩の階段ともいえる場所であった。岩の割れ目には青草が繁っている。今は水は流れていないけれども、大雨が来れば、日蔭で真黒に見えている岩壁は一面の滝となり、一時の急流が生まれる所でもあった。そのために岩肌が磨かれ光っている。

立ち止り目をあげると、階段状の岩場はしだいに幅を狭めてせり上り、やがて岩壁の狭間に向かっている。岩場を登り詰めれば、二つの岩の峯が両側にそそり立つ深い切戸に出ることができるだろう。そんな気分になれそうな所だった。しかし、緩やかそうに見えていた階段状の岩場には、危険が潜んでいたのだった。ひとの目はものごとを自分に都合よく解釈する。このことを私は苦汁と共に教えられてきた。そして、現在もなお完全に学んだという状態にはほど遠く、八ヶ岳の霧の中から現れる小径を見るたびに、新たな苦りを味あわされているのだった。黒い空の下で緩かな階段と見えた岩場はそれ自体が下に向かって傾斜していた。振り仰いだ時、緩やかな階段と見えた岩場が、登ってみると、思い切り外に傾いていたりする。見えなかった所は、見る者の希いで岩場の形を補っていたのだった。飛び散ったザックの中味を拾っていた岩場は、外に傾いたテラスの連なりであった。確かに楽らくと登れそうに見えている。事実またそうであった。しかし、登るにつれて、気がつかないくらいに傾斜が増してくる。まだまだザイルはいらない、と思っているうちの、一歩の滑りから終わりが始まったのだった。たちまち自分の力ではどうしようもないくらいに加速され、はるか下方、漏戸の口に見える滝場へと弾んで行く。ザックは背中から外れ飛び、中味は弾き出された。岩場を見上げた時の目の働きに問題があったのだろうか。それとも、何気なく踏み出した一歩から、すべてが始まったといえるのだろうか。緩やかに傾いたテラスで、マッチを拾い集めながら、私はしきりにそんなことを考えていたのだった。そして、動きの見えないガスの中で崩れ易い岩場に興奮しながら登っている娘たちを眺めていると、私の中にわだかまる不安が押さえようもなく浮きあがってくる。娘たちの一歩から、今、何かが起っても、私にできることはなにもなかった。

頂稜の一角に出ると、雨を孕《はら》んだ風が吹き渡っていた。暗い緑に見える佐久の山肌から、霧が縞目をなして吹きあげられ、諏訪の赤い岩壁へとちぎれ飛ぶ。私たちは予定どおり、最高点の赤岳に向かった。せりあがる砂礫の山径の彼方が暗い霧に隠れている。音を立て、雨が降り始めるのは何時になるのだろうか。亦してもわだかまりは湧きあがり、娘たちの雨具を考える。今、この風に乗って横から雨が落ちはじめたら充分といえるかどうか、急いで山を降りるとしても、先程の鎖の懸っていた岩場では、相当つらいことになるだろう。娘たちは霧の中を赤岳へと登って行く。時折大粒の雨が降りかかる。

彼女は五月の終わりの八ヶ岳で、黒百合平から出発して、ガスの頂稜を歩いて行った。その日のお天気は、セルフタイマーで写した写真で分っている。あとで現像した写真を私はアルバムの最後の頁に貼った。彼女はガスを背にした這松の陰でかすかに笑っていた。そして、八ヶ岳の頂稜を夏沢峠、硫黄岳と辿って横岳に登り、野辺山の高原に降りる予定だった。出発前に、私は彼女に野辺山あたりの、広びろとした山野のたたずまいを話していたから、そう決めたのだろう。山に入ってから彼女は独りでコースを決め、それを書き残して早朝黒百合平の小屋を発ったのだった。誰にも挨拶することなく。あとで小屋番の男はその手紙を見て、ひやりとしたと言った。横岳から野辺山への尾根の途中にはまだ雪がある。うまく山径が見つかればよいが――。だが、彼女の出発前に、私は雪のことは心配ないだろうと言っていたのだった。五月始めに雪に降られて困ったことがあったけれど、何しろ、降りだすまでは、夏山みたいなものやからね。

　気がつくと私たちは、草木の見えない砂礫ばかりの急斜面に差しかかっていた。先を行く長女は風下の緩斜面の踏跡へと登って行く。そちらは尾根から少しばかり逸れるようだが暫く進んだところで再びもとの径に合流するのだろう。それまでは風蔭を歩けるかも知れない。私は漠然とそう考えていた。しかし、踏跡は諏訪側の急崖に来て、突然、薄く消えかかり、しまったと気がついた時には、先頭の長女は細い草の生えた岩場で、手懸りを捜していた。周りはガスに視界を遮られているけれど、かなりの高みに出てしまっていることは想像できた。逆落しに傾斜を加えた壁は霧に暗くかすみ、もし、転落が始まれば、いったいどのくらいの距離があるのか、霞む黒壁が奈落を思わせる。そして、長女の立つ足場を見て、もはや引き返すことは不可能と私は思った。岩場は登るより下ることの方がはるかに難しく怖いものなのだ。長女、次女、三女、私と並んで進むうちに、先頭は下りに難しい岩場に入っていた。

彼女は強風の吹き渡る日に、霧の中を横岳に登って来たのだった。頂上から野辺山に向かう山径が、はっきりとわかれている。急峻なごろごろ石の小径を、とんとんと下って行くとやがて山の傾斜は尾根に変わり、這松が現われてきた。さきほどまで騒然と吹き荒れていた稜線を越える風は、別世界の出来事となり、彼女は一息ついたかも知れなかった。本当に怖い空模様だった。早く野辺山の高原を歩きたいものだ。ところが、尾根の傾斜が更に緩やかに変わる辺りから、行く手を隠している霧が白くなり、近づくにつれ、その白さは四方に拡がり、霧の一瞬のゆらぎの底から現われた尾根は一面の残雪に蔽われていた。思ってもみないことだった。彼女は足を竦ませて立ち止ったに違いなかった。これまで雪に蔽われた山を歩いたことは一度もなかった。暗い霧の中から大粒の雨が落ちてくる。戻ろうか。彼女は急いでヤッケのポケットから地図を取り出した。雨はビニールの地図のカバーにも容赦なく降りかかる。やはり強風の稜線に戻るのは止そう。あそこまでは遠い。あまりに遠すぎる。もう登りはたくさん。やはり野辺山に下ろう。行く手のガスを透かして見る。すると標識布が岳樺の枝から下がっているのに気づいた。それは冬の登山者が吹雪の折に、尾根のコースから逸れないように、目印に下げた布切れだった。しかし、大分以前のものらしく、赤だった布切れが白に近くなるくらいに色晒せている。標識があるからには、この先ずっとそれは続いているに違いない。足を滑らせないよう気をつけて行こう、彼女がそう考えた時雨は更に音をたてて降り始めた。雨は、ちょうどその時だったのか、その前かその後なのか、本当のことは永遠に不明なのだけれども、前後の事情を考えれば、ちょうどその頃とならざるを得ないのだった。彼女は残雪の尾根を、色晒《あ》せた標識布に向かって進んで行った。粘り付くようなガスの間を見詰める。すると次の標識が見えた。今度は低い所にあった。這松の枝先で風に揺れている。ああ、この様子では標識どおりに下って行けそうだ。しかし、視界の悪い日に尾根を下降するのは本当に難しいものなのだ。下に向かっている尾根は、幾つにも枝分かれをしているから、本尾根を辿ることは大変なことなのだ。私はその難しさを彼女に話したことはなかった。なにしろ五月下旬だからな、雪は心配ないだろうよ。

次女、三女を間にして、霧の中で既に径とはいえない崖を登ろうとしている長女を、私は見詰めていた。そうだ、その調子、左足はそんなに高く上げない方がいいな。手助けをしようにも、私たちは危ない岩場にさしかかってしまっていて、二人の娘を交わして私が前に出ようとすれば、更に危険を招きかねない所に来ているのだった。私はつい先程のガスの渦巻く砂礫の山径で何をしていたのだろう。何を考えていたのだろうか。ひとの精神は緊張し続けられないことは知っている。しかし、それにしても。

山径のすぐ傍のこの崖から誰かが落ちることもあり得る。もし落ちてしまったら、いや不吉な考えはよそう。不吉な考えは実現する。彼女を駅に送った時、頭に浮かんだ考えはすでに予兆だったのだろうか。とりとめもなく思案しているうちに、長女は崖を登りきった。三女は目の前だから、滑り出さぬよう、靴を押さえてやることもできる。再び稜線の山径に出ると、そこでは雨風が待っていた。

残雪に靴を沈めながら、二番目の標識布の下に立った彼女は、ガスと雨の中で行く手を見詰めた。しかし標識は見えなかった。灰色の霧の中でぼんやりかすむ這松が、えたいの知れない獣がうずくまるように見えるだけであった。雨に急かされて、彼女はそれまでの進行方向を延長した線に前進した。そのうちに標識布が見えてくるだろう。だが、彼女の前に終いに標識布は現われなかった。気がつくと雪に蔽われた浅い谷に来ていたのだった。暗いガスの中にいても、そのことは周囲の雪の傾きで分った。下に向かって尾根を歩いていると思っている間に、谷に誘い込まれていたのだった。大粒の雨がヤッケを叩く。するとたちまち冷たい雨滴は肌まで浸みとおって、流れ落ちて行く。いっそのことこの谷を下ろう。ずっと雪渓が続いているかも知れない。こんなに軟らかな雪だったら、滑ることもないだろう。

しだいに傾斜を加える砂礫の尾根を登ってゆく。霧の中から大岩が突然現れ出して消えてゆく。赤岳の頂上に来た。一段と強く雨が来る。私たちは頂上小屋の軒を借りて雨具を出した。

赤岳頂上の赤紫の岩塊に篠突く雨が降りかかる。岩の周囲が飛沫に白くかすんでいる。彼女が野辺山に向かっていた午後も、烈しい雨と風だった——。大層な雨と風でした。ヘリで掲げたばかりのドラムカンが二本行方不明になるくらいでしたから——。彼女の帰宅予定の日から、一日待って家を出た私と山仲間は、彼女のあとを追って八ヶ岳に登り、訊ねた山小屋でそんな話を聞かされたのだった。いけないな。手にしていた玻璃《はり》の器がするりと飛びだして、地上に墜ちて行くのを見詰める感じ。ぶつかるまでの短い時間が、妙に長く思われる。玻璃の器は輝きながら落下する。完全な姿のままで墜ちて行く。私は身体をただ強張らせたままで見詰めている。

頂上の岩蔭にうずくまる形の山小屋に入り、娘たちは小さなベルやバッジの類を山登りの記念にと選んでいる。一人一コずつといいわたしたものだから、なかなかひとつに決められないものらしい。雨が通り過ぎたところで私たちは小屋を出た。戻って、今度は横岳に向かう。降るにつれてガスの渦巻く山頂附近の厳しさが、霧が霽《は》れるようにうすれてくる。這松の見える鞍部でガスの流れに切れ目が現れ始めた。横岳が岩峯を連ねて、霧をまといながら姿を見せてくる。すばらしく高く見えた。

三女が小学生となった年の秋に、正月休みを利用してヒマラヤのアンナプルナ近くまで、徒歩旅行をしようという計画が、彼女が在籍していた大学の山岳クラブの卒業生の間でもちあがったのだった。彼女は思いきった様子で計画書を眺め、私も賛成だった。人生には時期を逸すれば一生できなくなることがある。徒歩旅行に備えて、彼女は独りで山登りを始めたのだった。彼女のアクシデントのあとに、もし私が同行していたら――、という言葉もあったことは事実だが、そうだとしたら、三人の娘を誰がみるというのだろう。娘らはひっそりと日曜を過ごさなければならないのだ。そんなことをして山に登っていても、彼女は心の赴くままに山を歩けたかどうか。それでアンナプルナの旅行をめざして、独りで山歩きを始めていたのだった。そして、八ヶ岳は正月の旅行のあとの最初の山登りだった。

烈しく降る雨の中で、彼女は雪に埋もれた谷を下って行った。今のところは緩かな傾斜が続いて、軟らかな雪に足跡を残して降りてゆけるのだが、この先どこまで行けるのだろうか。私、雪の急斜面は苦手なんです。このまま野辺山に続いていますように。

山に来てどんどん歩いているうちに、いつの間にか難しい所に入ってしまっていることに、しかも、引き返すことは到底不可能と思われる事態となっていることに、そのことに直面してしまった時になって、初めて気づかされることがある。大勢で山に行っているうちにも、知らぬ間に先頭に出て、難しい所に入ってしまい、あとに続く人たちは、彼がその難所をいかに切り抜けるかと、ただ見守るだけ、ということだってあった。デモ行進に誘われて、あとの方に参加するだけ、と自分に言い聞かせて歩いているうちに、いつの間か先を進む人たちの姿が見えなくなって、気がついた時には、黒い楯と向かいあっていた。そんな立場に直面して、彼はたぶん、膝の力の萎えを感じながら、どうしてこうなってしまったのだろう。とただひたすら思うかも知れないけれど、もうそうなってしまっては遅すぎるのだ。彼女は雨の中雪の谷を下って行った。雨の降る残雪時の山中には濃い霧がたちこめる。雪の谷はこのままの傾斜を保ち、ゆるやかな野辺山の原へと続いているのだろうか。行方は霧に遮られ、すぐ近くの黒木の林がかすむくらいだった。雪の谷はしだいに狭まって、林の間を下るようになっていた。

霧の山稜を山径は巡ってゆく。雨具を被った娘たちは、鎖場が現われるたびに、今度は面白そうだと顔を見合せる。霧は山稜を山麓から切り離す。見下ろせば濡れた岩壁が黒く僅かにあるばかり、時々灰色の帷《とばり》がちぎれ、白い縞目をなしてガスが吹きあげられてくる。満々たる帷の彼方には黒木の森があり、やがては裾野の高原が、延びやかに拡がっているはずなのだが、すべては空想世界のように、概念としては存在し得ても、決して眼前には出現しないものに思えてくる。そして霧の中を歩いている私たちだけが、この世の住人と思えてくる。考えれば平地での私の生活も、この霧の山稜の歩みの如きものではないだろうか。灰色の帷の底には暗い危険が待ちうけている山稜を、私は娘たちと共に歩きながら、ただそのうしろ姿を眺めているだけであった。平地の生活では日常の定まった行動の陰に隠れていた事柄が、霧の山稜では明瞭な形となって顕れる。

ガスの中で少しずつ傾斜を加え狭くなった雪の谷間に滝が現われた。雪渓が途切れた所に黒く岩棚が見えている。しかしまだ流れ落ちる水流は殆どなく、低い岩棚であった。庇になった滝横の岩蔭で、雨を避けられそうにも見えていたけれど、かなりの高みにいることでもあり、周りを残雪に囲まれた滝であったから、彼女は立ち止まらなかった。何本もの白い糸となって滴り落ちる流れの傍らを通り抜けて、再び雪渓を下って行く。谷の傾斜は急峻となり、不用意に踏み出した一歩から、たちまち滑落が始まりそうに見えてきた。しかし、雨で軟らかさを増した残雪を小さく踏みしめて、彼女は下って行く。次に現われた滝は先ほどのものより倍くらいの高さがあったけれども、近くの潅木に縋って雪渓に降り立つことができた。滝を境にして谷は暗く狭くなり、両岸には岩場が連なり始めている。たちまち三番目の滝が現われた。今度は相当高い滝であった。ガスの中で、下流に続く雪渓がどうにか見えるくらいであった。前に私は彼女と山の話をしていて、こんなことを言ったことがあった。

「谷を歩いていて滝に出合うやろ、そんな時、一番いいのは、高捲きをして滝を越していくのに、なるべく小さく低く行くことなんや」

今ではこの考えが、すべての谷に通用するものではないことはよく承知している。しかし、彼女は私との話を思い出していたのだろう。きっとそうに違いあるまい、と私は思っているのだが、三番目の大滝も、滝のすぐ近くを潅木を頼りにして彼女は下って行った。そして、降り立った岩場の狭間の雪渓から振り仰ぐと、それは見上げるばかりの大滝であった。次に岩壁の間で岩屑に蔽われた雪渓は更に短くなった。ほんの暫く歩いただけで、行く手に白い空間が拡がった。その果てには何も見えなかった。灰色の霧の幕の彼方から、低い沢鳴り聞こえてくる。彼女は慎重に歩を選び、大滝の上端をひと巡りした。断崖の先には漠々たる霧の帷が懸るばかりだった。ただ両岸の高みには黒木の林があり、その木々の塊りがガスの間に滲んで消えているのだった。彼女は岩場を登って右手の黒木の林に入った。この判断も間違いではなかった。黒木は急斜面にびっしり茂っていて、そのことが意外だった。岩の狭間の雪渓から眺めていた時には、あちらは緩やかそうに見えていたのに。そして、林の中も一面の雪だった。烈しい雨に打たれて来て、身体のどこもかしこもすっかり濡れている。突然、風が吹き起こる。するとヤッケで音をたてる雨滴が、たちまち布を透り、冷たい針の束が突き刺さるように肌に感じられるのだった。彼女は今度の大滝も、なるべく近くで捲く外はないと考えていた。

私たちは岩屑が積み重なった横岳の頂上に来た。あい変わらずガスが佐久から諏訪へと吹き抜けている。細かい雨が風に乗って降りかかる。野辺山への山径が黒岩の重なる尾根を行き、ガスの中に消えている。山径に沿って白く塗られた細い柱が目印に立てられていて、ガスの間に四本ばかり見えている。私の簡単な説明に、娘たちはそちらをほんの少しばかり見やっただけで、あとは風を避けるように、岩蔭にかたまって立っている。四本の白い柱は墓標のようにも見えてくる。娘たちは私の話を聴きたくないのだろうか。そんなことはもう興味がないのだろうか。興味という言い方はおかしいと私は思った。山で起ったそうした事実をしっかり受けとめて考える年齢に、まだ達していないのだろうか。そうであるならば、今日の八ヶ岳の山稜歩きは、何かの形で娘たちの記憶に残り、あとで役に立つことがあるかも知れない。あの日横岳で、ガスの中で眺めた野辺山への径を、あの日と同じような灰色のガスに向かって彼女は独りで降りて行ったのだった。とそんなことを想い出すこともあるだろう。

しかしその想像は始めから、見当はずれであったらしい。ほぼ半年あとに書いた次女の作文でそのことが分った。ガスに包まれた岩屑の尾根を妻は歩いて行き、大滝の下に待ち構えていた死に捉えられたのだった。あの日と同じような天候と聞かされた、雨とガスの山頂で、野辺山への尾根を見下ろすと、死と直に向かいあうような気分がする。人は誰も死ななければならないなんて、それは、どうにもならないくらいに怖いことなのだ。雨に黒く濡れた岩屑の尾根は、霧の彼方に沈みながら消えている。その蔭に得体の知れないものが、今日も待ち構えているのではないかしら。だから決してそちらは見ないようにしていた。たぶん娘たちはそう思っていたのだろう。

アンナプルナの氷河

先日、仕事場で梯子の上の二段目から、仰向きにコンクリートの床に落ちた。足を踏み外したのではなくて、手が滑ってしまい、それで重心が少し外に出て、身体がしだいに倒れ、そのまま落ちてしまった。

梯子は二メートル半ぐらいのもので、詰粕（奈良づけ粕のこと）を貯蔵するタンクに立掛てあった。床に着くまでに、いくらか時間があるような気がした。下に台計りがあり、その角に背中が当りそうなことも見て取れた。しかし、それを避けるまでの余裕はなく、次の瞬間にはコンクリートの上に尻から落ちていた。

詰粕をタンクから外に出すのは、よく捏ねた壁土を素手で抛《ほう》り出すような具合になってしまう。それで掌も足もとても滑り易く、梯子から落ちた。

この時もそうだったが、落ちている間には落下中という運動の感覚はなかった。いきなり下のコンクリートがふわりと上って来て、それと衝突した、というのに近い。落ちている間に、何も頭の中に閃《ひらめ》かなかった。私はこれまでに、山登り中にも四回落ちたことがあって、梯子よりもっと長い距離を体験していたが、いつも何を思うこともなく、周りの物の素早い動きに軽い驚きといったらよいだろうか。人生が走馬灯のように浮かぶことはなかった。

山登り中に落ちるということは、やや異状な経験だから、かなり前の事でも、その一部始終をはっきり記憶している。剱岳の東《ひがし》大谷《おおたん》の滝では八メートルほど落ちた。殆ど人の近付かないところだった。傾斜の急峻な雪渓を登り詰めたところに、十メートルぐらいの涸れ滝があった。

ちょうど、そこまで来たところで夕立になった。

蟻地獄の底のような処に滝がある。大粒の雨を受けて、小石が幾つも落ちてくる。少し後退して雨が止むのを待った。岩壁の間の溝のような谷だったから、水の出るのも早かった。小雨になって登り始める頃には、涸れ滝は立派に白い幕を引く滝に変っていた。そこを水を浴びながら登っていった。

滝の落口を乗り越すところで、勢よく落ちている水流を、どうしても胸に受けてしまう。

身体が縮むような気がするくらい冷たい水だったから、暫く迷った。登ってしまえ、という気持ちもあったが、一方には、一段下って考えようという心の動きもあった。

その時、両手両足が一度に滑って落ちてしまった。この時も何も考えなかった。下から青白い岩が盛り上って来て、私はその岩とぶつかっていた。

夢の中では、とても長い時間をかけて、あてのない落下を続けることがあるけれど、人は現実には落下という感覚を知ることができないのではないかと思う。

宇宙飛行が始まる以前には、飛行士たちに無重力状態を体験させるために、飛行機を高空から急降下させて、物体の自由落下と同じスピードを出していた。

そうすると、飛行機の中に無重力空間ができる。人工衛星も地球に向かって自由落下を続けながら飛んでいる。

だから、地上近くで落ちる時にも、とても短い間だけれど、無重力の体験をしていて、私には落下中という感覚が生れずに、地面が急に近寄って来ると見えるのかも知れない。

私は八メートルより、かなり長い距離を落ちたことがある。しかし、その時は垂直な自由落下ではなかった。私は雪渓の上を滑り落ちた。

その頃は、今よりもっと技術が足らず、ピッケルをうまく使うことができなかった。雪渓の上で一旦スピードがついてしまうと、固い雪の面に何回ピッケルを突き立てても、撥ね返されてしまう。淡い諦めのような気持ちが胸に拡がって、寝ころがった姿勢で落ちて行った。落ちて行く間に、旧式のエレベーターの金網越に、番号を書いた壁が上ってくるのが見えるように、雪渓の横の岩壁やハイ松が流れて行った。しまいに、白い雲と青空を見たと思ったら、ゴツゴツの岩の間に五メートルほど飛び込んでいた。

スピードが出てしまうと、何も思うことはなかった。出来事の経過はよく見ているのだけれど、ただ慢然と落ちている。

*

私の知人に瀬川君という人がいる。彼は私たち仲間の間では、誰も破れそうにない記録を持っている。それは瀬川君が落ちた距離で、合計すると千メートルを超えてしまう。そのために瀬川君は二個のめがねと四本の歯を失なった。

冬の剱岳でおよそ四百メートル落ちた。その時は天気が悪くて計画が予定どおり進まず、中止と決めた日であった。何日も吹雪が続いたから、下山も深い雪に難渋した。足元もおぼつかないくらいに雪が流れてゆく。瀬川君は先頭を進んでいた。辺りは一面に、捉えどころのない幕を張り巡らせたように真白だから、尾根の端の雪庇に十分気を配る必要があった。当然、瀬川君も僅かに見える木の枝で、尾根と雪庇を見分けながら進んで行った。

ところが落ちてしまった。

「向うに木が見えていたんですよ。まっすぐに進みました。でもそこは尾根がぐっと刳《えぐ》られていたのですね。だから、途中で雪庇の上に出てしまいました」

「何か考えた」

「そうですね、落ちたとたんに、新雪雪崩を起こしてしまったみたいですよ。ちょっと息が詰ったようになりました。雪煙の中を落ちました。えらいことになっているな、と思ったかな、腰まで埋って止ったら、もうそこは立山川でした」

かんじきを付けても、泳ぐようにしなければ前に進めないふかふかの粉雪が、新雪雪崩の後では固く締って、靴だけでも沈まぬくらいになる。

瀬川君はその急斜面を登ることにした。命があることを早く仲間に知らせなければならない。大声で叫べば、意味はわからないけれど、どうにか答が返ってくる処までは登ることができた。その先は雪の壁でどうにもならなかった。夕暮れが近づいていた。瀬川君は幸いテントを担いでいたので、雪の出っ張りに跨って、テントを被って一夜を過した。

「その時の方が、ずっと怖かったですよ。おちおち眠れませんでした」

朝になったら、吹雪は少しおさまって、上からもテントが見えるようになった。そこで仲間はザイルを長く延して、瀬川君を引き上げることが出来た。

少し前、私は山で落ちそうになっていて、なかなか落ちない夢を見た。半分醒めて見ているらしく、どうしてこんな夢を見るのだろうかと怪しみながら見ている。

私は、ぐずぐずにふやけた雪の斜面を横切っている。下を見ると灰色の雪解け水が牙を剥いて流れている。足を滑らせたらお終いになる。私はそう強く思っているから、足を踏み出すのが慎重になる。そうすると、身体が自然に斜面に近寄ってしまうから、足元がしっかり決まらない。

今にも足が滑りそうで怖くてたまらない。これは夢だと思いながら見ているのに、別の場面に移ってゆかない。夢なのだから、落ちても、どうということはないだろう。どんどん足を出してしまえ。そう思ったら目が醒めた。

醒めたら、夢の原因がわかった。その日私は日帰り登山をしていて、夢の場面によく似た処を横切って行った。その時は、心が少し緊張するくらいだったのに、夢の中にまで現われたのは、その日の行程で、唯一の生命の危険箇所だったからと思う。

落ちている時は少しも怖くないけれど、落ちそうだ、と思った時が本当に怖い。もうこれでお終いだ、という最後通牒を目の前に突きつけられたような気持ちになる。囲りの音も、景色もすっと遠のいて、今にも落ちそうになっている自分の身体だけを、切ないような気持ちで意識する。

ずい分前に見たフランス映画に次のような場面があった。機関士たちのレジスタンス運動が主題だった。度重なるサボタージュに業を煮やしたナチの将校が、数名の機関士を捕えて銃殺と決する。彼等はコンクリートの壁の前に後向きに並ばされた。

目の前の白いコンクリートの壁を一匹の蜘蛛が渡っている。ざらざらした壁から、何度も足を外しながら少しずつ進んで行く。あと僅かの命となった男が、その蜘蛛に熱い視線を注いでいる。しかし、蜘蛛は二本の足だけで、辛じて体を支えているばかりになってしまった。何発目かの銃声が轟いて、蜘蛛は落ちる。

*

どうして落ちそうだと思うのだろう。

私はかなりの高みにある小さな足場に立っていて、その足場が外に傾いている。そして、私は摩擦力だけに体重を預けている。そんな時に、今にも足が滑りそうと思ったら、その瞬間にすっと怖くなる。一旦心が怖いと思う方に向かってしまったら、それを引き戻すのが難しくなる。

一番よい方法は身体を岩から離して、なるべく垂直に近くすることなのだが、それがどうしてもできない。ただひたすら岩にしがみつこうと思う。変な具合に力を入れてしまうから、腕や脚が震えだす。仲間はそれをミシンといっていた。ミシンが来たらお終いだな、と話していた。

でも、考えてみると、ミシンが来て、それから落ちた人はいなかったと思う。どうにかして最悪と思われる状況から脱出しようとする。そういう時には落ちない。

私が落ちた時は、四回とも怖いと思っていない時だった。

私はパートナーの落ちるのをザイルを使って止めたことが一度だけある。私は上にいた。友人が登るにつれて緩むザイルを手繰り寄せていたら、いきなり強い衝撃が来た。

肩搦みという確保法を使っていた。私と友人を繋ぐザイルを、右手に搦ませ、右肩から首の後を廻し左手で握っていた。そして、左右の腕を交互に動かしてザイルを手繰る。引き上げるのではなくて、緊張が保たれているというくらいにする。

ぼんやりしているところに衝撃が来たから、右肩から首の根っこを何十キロかで押さえこまれたようになり、私はくにゃくにゃと潰れそうになった。そうならなかったのは、私の身体がコイルバネを圧縮したようになったからと思う。

「こんな風に足を出したら落ちるな、と思いながら足を出してしまった。勝手に出てしまったんだ。そしたらいきなり、パッと振られていた。すまん、すまん」

友人はあとでそう言った。

有名な登山家にもこのような例が幾つかあって、難攻不落といわれていたプトレイ山稜の完登に成功したエミール・レイは、後年別の易しい山で、

「そんな処は確保してくれなくてもいいよ」

といった直後に墜落した。

瀬川君が二度目に落ちた時は早春であった。槍ヶ岳で、その季節には珍しい大雨になった。霽《は》れ上がると同時に寒気が入って、水をたっぷり吸った雪の斜面は厚いガラスを張ったようになった。

西鎌尾根を下り始めて暫くの処で、先頭の岡崎君が立ち止り、危いからザイルを出そうといった。

一行はアイゼンといっている八本爪の金かんじきを靴に付けている。ところがあまり氷が硬いのと、急斜面だから、アイゼンの爪がうまく氷に食い込まなかった。

斜面で足場を作ろうとした時に、瀬川君は滑ってしまった。

「早かったですね。あっという間にゴマ粒みたいになって見えなくなってしまった」

もちろん、転んだ瞬間には制動をかけた。ピッケルを腕の下にたくし込んで、その上に上体をかけて、ピッケルの尖った方が雪を切って行くようにする。しかし、厚くて硬い氷だったから、ピッケルは撥《は》ね飛ばされてしまった。勢で手首に結んでいたバンドも切れた。あとは氷の上を落ちて行くだけであった。

槍ヶ岳から始まる蒲田川はとても長い谷で、終いには神通川になって富山湾まで続くのだが、最上流部は滝もなく、やや幅の広い急斜面になっている。

ピッケルを失った瀬川君は、落下を続けながら、片方のアイゼンを外し、それを手にしてスピードを緩めようとした。しかし、あまり急いだので、強いショックを掌に残してアイゼンは氷の斜面に置き去りになった。

残りのもう一方のアイゼン。今度は極く静かに氷の面を撫で行った。始めはうまくゆくように思えた。それが、アイゼンから電気鋸のような音が出はじめた、と思ったとたんに手から離れてしまった。

もう五百メートルは落ちていて、雪を冠った岩があちこちに見えるくらいになった。瀬川君は氷の斜面に夢中で歯を立てた。止ったので気がついてみると、前の歯が四本喪なっていた。

「なんとか止めようと思ったんですね。ただそれだけだったですよ」

「アイゼンバンドをよく外せたね」

「重いせいですか、滑っていると、どうしても頭が下になるのですよ。岩がびゅんびゅん上って来るでしょう。頭を上にしようと思って、それでアイゼンを外したのです」

あとで瀬川君はそう言った。

少し前のことになってしまったが、三人連れの人たちと冬の山小屋で同宿したことがあった。雪の山に登る人がまだ少い頃で、薪ストーブを間にして、遅くなるまで山の話をした。

翌日は、粉雪が音もなく降る日になった。山では雪崩が出て、三人のうち二人が行方不明になった。

遭難者の捜索は広い雪崩の跡を、背丈より長い鉄の棒を突き刺して、手当りがあるかどうか、一歩ずつ調べて行く。私たち四人に加えて冬小屋の留守番の人だけだったから、暗くなるまで頑張って、リュックサックをひとつ掘り出せただけだった。

ところで、その途中で仲間と話し合ってみると、行方不明の二人のことは、それぞれとてもよく覚えているのに、助かった人のこととなると、

「ゆうべいたのかな、どうもよく思い出せない」

というくらいで、そのことを不思議に思ったことがあった。

妻はアンナプルナの旅行から帰ったあとで、こんな話をした。

「アンナプルナの氷河を見に行った日はね、みんなすぐ近くまで行ったけど、とうとう誰も氷の上には乗らなかったのよ」

「どうして」

「吉川さんが、あんまり嬉しがって、記念写真をとろうとはしゃぎ廻ったものだから、行く気がなくなったみたいだった」

「ふーん」

「シェルパのパサンはザイルの用意もしていたけど」

「氷河には乗らなきゃいけなかったな」

「それはよくわかっていたのよ。でもね、吉川さんの調子にはいってしまうみたいで、うんざりだった」

「さあね、氷河の上に出て、はやりアイゼンの軋みを足に感じ、暗いクレバスを覗かなきゃね。そのために行ったのだろう」

妻は暫く考えてからいった。

「まったくそうだったわね」

そのことがあったから、八ヶ岳で妻が行方不明になった時、たとえ天候が悪くなっても、彼女は初めの予定どおりに歩いただろうと考えた。

「しかし、いざという時には、ぱっと摑まるものですね」

前に、水野君が来て山の話をしながらそう言った。黒部川の断崖に沿って歩いていて、足を滑らせてしまったことがあるという。転んだ、と思った時にはもう近くの木の枝に摑まっていた。

「そんなに危ういことを、他人事みたいによく言えるわね」

妻はその話が好きで、時々思い出すことがあった。

　彼女がおよそ五〇メートルの断崖から落ちた時は、たぶん、「あっ」と言ったと思う。びっくりするといつも声を上げたから。そして、恐らくは気を失ってしまって、ぱっと摑まろうとしなかったに違いない。初めは土の斜面を落ちたのだったが、爪の間に泥は入っていなかった。

越山《おやま》

裏の山からホトトギスの声が聞こえて目が醒めた。夢を見ていたような気もする。私は本当に鳴き声を聞いたのだろうか。八幡山は標高が一〇〇メートルあまり、その上、越前平野の中で島になった山だから、これまで裏の山からホトトギスの声が聞こえたことはなかった。少なくとも、私は聴いたことがなかった。

近年になって、山の上には展望台と自動車道路が作られたこともあって、ひと頃より、八幡山を棲処にする生きものの種類が少なくなっているような気がしていた。先程の声はホトトギスだったのだろうか。耳に残った声音を想い返しているうちに、それは次第に怪しくなってきた。

この前の夜に啼き始めたアオバズクは、二・三日で今年はどこかに行ったらしい。少し昔になるけれど、倉の中でアオバズクが泊まったことがあった。朝、重い戸を開けて入って行くと、鉄骨天井のターンバックルの上に、黒く見える鳥が止まっていた（名前はあとで分った）。戸を開いたままにして追って行くと、時々両目を赤く光らせて鳥は飛び廻った。それは、妻が言い残した下山の日から、丸一日過ぎた朝であったから、赤く光る鳥の目が私には大層不吉に思われた。

尖った羽根の大きな鳥は、短く叫びながら、倉から倉へゆらゆら飛び廻ったけれど、今年の早春に来た大きな鳥は少し違った飛び方をした。こちらも朝になって見つかった。円い大きな頭だったので、すぐ名前が分かった。アオバズクと同じターンバックルに止まっていた。フクロウは追いかけると、倉の中を直線状に何度も往復した。そこで、途中で網を投げて捕まえた。

フクロウはフランス人形のような目をしていた。大きな黒い嘴を勇ましく鳴らす。指でも挟まれると喰い千切られそうだった。「ふくろこはいかいけど骨ばっかりですわの」倉の人はそう言った。私が食べると思ったのだろうか。両掌でフクロウの胴を抱えていると、柔らかい肋骨が私の指の腹に感じられた。

寝床の中で、私は昔の出来事を思い返していた。すると、裏の山からホトトギスの声が聴こえた。今度は間違いなかった。

その時突然、山へ行きたいという気持ちが湧き上がって来た。私は山から遠ざかっていたのではなかった。今年になって七回出かけていた。しかし、その朝私は、山の引力に捉えられたような気がした。

登ってみたい山は幾つかあった。前々から気に懸っていて、しかも、日帰りか一泊で登れそうな山を、ひとつひとつ思い浮かべてみた。越山まで考えて、私の気分と山とが重なり合った。越山は岐阜県と福井県の界にあって、能郷白山と屏風山の間にある。双方に形のよい山があるから、あまり目立つところがない山であった。起き上がって地図を出して見た。高さは一一二九メートルであった。

☆

越山のことをどの辺から始めればよいのだろう。その朝は雲ひとつ見えないお天気だった。真名川ダムは既に完成していて、ま緑に見える湖が生まれていた。十何年か前に大水が出て、古い家がなくなっていた中島に、青いトタン屋根の家が一軒建っている。荒れ果てていた山狭いの地に、人の気配が濃くなっていた。

笹生川に架けられた鉄橋を渡って細ヶ谷の道に入る。途中から倉の又谷と別れると、細ヶ谷は浅い流れになり、タニウツギの花の色は鮮やかさを増してくる。

少し昔の春三月に、姥ヶ岳から下って来て、この道を歩いたことがあった。古い雪がすっかりふやけていて、私たちはいささか機嫌を悪くして、暗くなった空の下を歩いた。どこかに、その時の記憶を蘇らせるものは見えないだろうか。しかし今は六月始め、雪の蔽いが消え失せて、辺りには新しい山野が拡がっている。雲ひとつ見えない空の下には、緑青々の山があるばかりであった。

小さな峠から、笹生川ダムに湛えられた緑の水と横に長い姥ヶ岳が見えた。谷の奥高くまだ雪が見える。頂上から八四二メートルの三角点を通って、北に延びてきた尾根が、人造湖に岬を作っている。

岬のつけ根で道路が終わっていた。

眩しい光の中に出て身支度し、延び始めた潅木に蔽われた古い林道を歩く。岬を曲がると小沢川が見えた。この川は越山から流れて来る。笹生川ダムができて谷の様子が変わったのだろうか。川原のように広がった谷間で、浅い流れが輝きながら蛇行している。

「ダムの水はどうして、うす気味悪い緑なんだろう」

「山の木が映っているからでしょうね」

「でもほらあそこ、逆さの山のこちらでも、緑に見えてますよ」

「もともと、水が緑なのかもしれませんよ」

私たちはそんな話を交しながら歩いて行った。いろいろな山の音の中で、センダイムシクイの声が際立って聞える。上谷と小沢川が合流する処で小径は終っていた。私は以前の姿を知らないが、小沢のむらがあったと思われる辺りも、広々とした川原であった。山際近くに並んでいる枯木に、人の手を忍ばせるものが僅かに残っている。

代赭色《たいしゃいろ》の広い川原には陽炎が立っている。遠くまで見渡すことができる小石の原を歩いて行き、その後で沢登りをする。その事が私には珍しく、川面が緑に染っている辺りを眺めながら、少々うわの空の歩き方をした。遠くに毛物の黒い影が走る。黒い影は跳び撥《は》ねるように崖を越えて見えなくなった。

「見た、今の」

「カモシカかな、後足が牛に見えた」

「はじめ犬かと思った」

「でも、なんだか真っ黒でしたよ」

「そういえば黒かった」

「足跡で分かりますね」

私たち三人は、それぞれ少しずつ違った印象を述べ合いながら歩いた。ところが、黒い影が駆け上った処に来てみると、川原の砂と崖の砂は乾ききっていて、黒く見えた毛物が何であったかは、分からずじまいになった。私は低い崖を登り、林の奥を窺ってみたけれど、もの音ひとつ聞こえなかった。

小沢川はゆっくりした蛇行を繰り返しながら流れてくる。何度か流れを渡った。殆ど砂利の川原だから、靴を濡らさずに渡るのが難しい。伊藤さんが靴下を絞るのを見て笑っていたら、崖から垂れた藤の枝を引いて、向こう岸に跳ぶ処で、川に落ちてしまった。私の周りを藤の花が流れて行く。

青大将がよくいた。私の足元から滑り出して、向こう見ずに川の中に飛びこんで行った奴の腹が、ふたところで少し膨らんでいた。そいつは始め、高く頭を上げて泳いでいたが、小岩の間の沫立つ水に巻き込まれる。

――あんなに急いで川に入ることもなかったのに――

しかし、私の訳知らずな心配は暫くの間のことで、そいつは再び頭を優雅に高く上げ、向こう岸に泳ぎついた。青大将が足元から動き始めると、まったく素早い生き物に見えるけれど、スピードを計ってみれば、意外なくらいに遅い数字が出るだろう。前に谷峠で、動いている蛇を攫《つか》まえて翔んでいたのは、鷹だったのだろうか。あの時、私は空にいる蛇に気をとられてしまい、鳥の姿を眺めることを忘れてしまった。

大岩が現われて、辺りの様子が次第に谷川らしくなってきた。小沢川は緩かに西へ曲がっていく。もくもくと大きな木の並ぶ稜線が見えてきた。綿菓子を千切ったような雲が、ひとひら流れて来る。地図を見る。

「まてよ、そっちの谷ではないか」

「そうかな、水が少ないですよ」

稲田君は、はっきり否定する。

「ほら、あそこで尾根が下りているでしょう。分かれているのはあっちですよ」

南に向かって越山に突き上げている支流に入ると、谷間は暗くなった。低く垂れた小枝を分けて行く。最初の左からの沢を登る。

私たちを中にして、二羽のミソサザイが滝の音と張り合うように、左右の山肌で鳴き声を競いあっている。小鳥の声にはまったく烈しい気合いが籠っていて、私は叱られているような気分になった。

――人間の来る処ではないぞ、帰った帰った――

タニウツギの蕾が見えなくなり、疲れた様子のニリンソウの花が現われてきた。潤葉樹林《かつようじゅりん》のかなたに、見覚えのある山が浮き上がってくる。

「荒島が見える」

「右の白いのは雪かな」

栃の小枝に摑まって眺めているうちに、そのもやもやした白い形がようやく整って、山の斜面に沿って長く続く雪のスロープになった。

「あれは白山だ」

「白山だって、どれどれ」

突然、谷に水が見えなくなり、私たちは藪に入った。ブナの並ぶ尾根のかなたに屛風山が迫り上がってくる。

熊笹が現われて藪潜りが少し面倒になった。しかし、山の斜面は僅かずつ消えてゆく。岐阜県からホトトギスの声が流れてきた。左に高く見えていた尾根が、今ではほぼ同じ高さとなり、行く手は、まだあと少し高くなっているらしい。それでは、私たちは明るい頂上に向かって、真っ直ぐに進んでいるのではないだろうか。

ところが、越山では頂上らしい高みを発見できなかった。山の斜面がなくなると、辺りは奥行のある暗い藪に変った。処どころでブナが陰を落としている。私たちは四方に靡《なび》いている熊笹を分けて進んで行った。

越山の三角点の標石は、三等と彫まれているところまで、枯れ葉に埋もれていた。その傍らに雪笹がかわいいアーチを架けている。音のない線香花火のような白い花が、開きそめたところだった。

「能郷白山には、まだだいぶ雪がありますよ」

藪を通して稲田君の声の方を眺めると、揺れている木の向こうに、盛り上がった白い花が見えた。


（一九七七年六月）

天草山

その村を最初に見たのは一九七四年の四月七日だった。

日野川上流の広野ダムをあとにした所で車のドアを閉め、雪溶け水でにぎやかな谷川の音を、遠くに近くに二時間あまり聞きながら、山蔭では雪に鎖《と》ざれている道を歩いていった。あとで調べるとそのむらにひとが住まなくなって七年目のことで、荒壁作りの二棟の土蔵がまだ残されていた。鳥居だけになったお宮の下の学校は、山仕事で時々むらに入ってくる人たちの休憩所に使われている様子であった。田畠はすべて折れ伏した枯れ芒《すすき》の原となっていて、四方の山は冬の姿であった。

その日は雪の山に登っているうちにしだいに雲が低くなり、濃い霧と降り始めたみぞれの中で頂上に立った。

帰り、学校の入り口を借りてしばらく休ませてもらった。雪の多い土地がらを示して、入口からすぐの大部屋に囲炉裏が切ってあるのが珍しく思われたが、火を囲んでの冬の学校を想像すると、うらやましさも手伝って、私は自分勝手な空想をしてしまうのであった。玄関横の大釘を打った傘吊りにはまだ生徒の名前が貼ってあり、八人の児童の姓は三つであった。

それから五年目のやはり早春に、私は吹雪の山から降りて来てそのむらを通った。土蔵はなくなっていたけれども学校は立っていた。半ば雪に蔽われている枯れ芒の原の向こうに、赤く錆びた鉄柱が見え、はだら雪の山のふもとに学校が見えてくる。むらの入口に近づく前からその建物に異状が感じとれたのだが、近づいてみると屋根には大穴があき、屋内には雪の小山が残っていた。

その四年後の夏に私はもう一度そのむらを通った。学校裏の山の端に立つ鳥居は緑に殆ど隠れ、以前の田の跡には芒が禍《まが》まがしく生い茂り、既にむらの気配は一向に感じられない眺めであった。

しかし学校はまだ立っていた。屋根はすっかり失われ、二階は白く乾いた骨のような柱だけになっていたけれども、まだ下屋の一部には瓦も残っていて、そうした建物が今は人の背丈ほどの芒の原になっている小さな運動場の向こうに、強い日射しを浴びて立っているのだった。

河内をなして開けている谷間をはさむ山には、夏の雲のように緑がむくむくと茂って、更にその奥の方からホトトギスの声が微かに降ってくる。今では使うこともなくなり、通るひともすっかり稀となって、むらから山へ延びている林道は草が生えるにまかせてある。私は朝露で膝を濡らしながら林道を登っていった。

道から逸れて、道のない谷川に入り流れの中を登った。朝の谷川は高く繁った葉の大きな木々の下を流れていて暗く、水辺のクモの巣はビーズのような水滴を並べてたわんでいる。骨を見つけたのは、暗い谷川が西に曲って広がり、表情も明るく陽を受けている所であった。そんな場所であったから、赤色の岩の間の二本の骨が私に見えたのかもしれなかった。私は乾いた岩の上に腰を下ろし二本の骨を拾った。片側だけ乾いているその骨は軽く、掌の上でころがして眺めていても、それが何という動物のものか、そしてどの部分の骨なのかまるで判らなかった。私はひとの骨である可能性も疑ったが、それも判らなかった。

——骨を掌にしていると、たちまち記憶がよみがえってくる。きれいに晴れた八ヶ岳ふもとの静かな朝の火葬場。そこで前日、山から背負って降りた妻の身体を焼いてもらったのだが、火が入るのを見て近くの高台を歩き、戻ってみるとちょうど鉄の台車が引き出されたところであった。台の上に張られた少し窪んでいる鉄板の上にほぼ等身状に骨が散っている。その骨は、今私が手にしている骨の形をした骨ではなくて、ばらばらに小さくこわれ、熱くひからびている骨の残骸であった。

「それが、のど仏の骨です。その骨から拾ってください」

そう親切に教えられ熱い骨を大きな破片から拾っていったが、たちまち骨壺はあふれ、鉄板の上には砂状大豆状の骨が始めと同じくらい残り、うらめしく心のこりに思われたのだったが、あの時残してきた妻の骨は唐松の生えていた谷間で、今頃は土に還っているに違いない。そう気がつくと、私のうちに掌にしている骨を元に戻す気持ちが生まれてきた。

沢鳴りが再び大きくなって私はザックを背負いあげた。——小さな谷あいでの出来事を隅ずみまで憶えているつもりでも、かなりの部分で失われたものがあるに違いない。それはもはや私には不明であり、記憶は山奥の学校のようにいつかは消える。

谷川を歩いていて考えごとを始めると、水音が消える。

踏みしだかれている私の胸丈ほどもあったオオバセンキュウを見て、この二、三日のうちに誰かが谷を登ったのだろうと先ず思った。そして、その誰かがひとではないらしいとすぐ気がついた。水流に沿って丈の高い草を分けて登るうちに判かったのだが、およそ、ひとの跡とは考えられない（そうだったら恐ろしく気まぐれなひとだったのだろう）草の倒れ方であた。嗅いのこもっている所がある。そしてとうとう、山から谷に向かって一本道に草のなびいている所があった。熊？　それともカモシカ？　草のトンネルを見ていても、私にはなんとも判別のつかない事柄なのであった。

熊と思うと、われ知らず緊張する気分がわきあがってくる、お話の中にだけお化はいるのだと思いながらも怖かった闇を前にした時の気持ちが憶い出され、そうした気持ちが顕れたことに感慨が起って、その源を穿鑿《せんさく》しているうちに、緊張が消え私は谷を登っていった。

谷には稀に滝があり、私は滝を避け流れ落ちている飛沫のすぐ横に登路を見つけて登ることもあったが、そんな時、そこには決って先蹤者《せんしょうしゃ》の足跡が残っているのだった。濡れて重なっている落ち葉を掻き崩して通ったものの種類は、ここでもはっきり判からなかったけれど、私が登ろうとすれば、急斜面で曲って生えている木の幹に妨げられ、つい両掌を着く格好をさせられたが、私が横になった形より小さなの生き物の通り道なのであった。

谷は狭くなり、再びほの暗く変わってくる、流れのほとりには茶色に濡れている岩の間に、ヌマトラノオの咲きはじめた白の花穂がびっしりと続いている。その花叢を避け、乱れみだれて垂れ下がっている木々の枝を潜り、くもの糸を切って登った。振り返ると、谷間の細い空の彼方に黒ぐろとした緑ひと色の山が迫りあがっている。その形の見え具合から今登っている高さの見当がついた。

気がつくと山肌に響く沢鳴りがうすれている。山を歩いてきて物ごとの変化に気づく過程がおもしろい。それは一瞬で判る時と、見過ごしてきた小さな出合いの重なりが、ついに知覚されるに致る場合があるのだが、この谷の山葵《わさび》の出現はその両方を合せたケースだった。つまり、先ほどから沢に多い山葵は目に写っていて私の意識にはのぼらず、引き抜かれた姿で、つやつやした葉をきれいに失ってころがっているその根を見つけ、改めて私は山葵に気づいたのであった。

――山葵を採りに来て落していったひとがいるのだろう。

しかし、ここまで登って人の気配のまったく残っていない谷であるのだから、そんなことは先ず考えられない。すると、山葵の葉を選んで食べる動物がいるのだろうか。あの葉と茎は同じ香りがして、好んで食べる人が多いのだが、やはりけものにもうまいのだろうか。それにしても一本きりとはおかしいことだ。そんなことを漠然と考え、滑りそうな岩場に気をとられたりして登るうち、またもや引き抜かれている山葵に出合った。

――これは、何かが沢蟹とりをして谷の岩をひっくり返し、それで山葵の根が浮いたのだ、と思い当る。そんなことを念頭に谷筋を眺めていると、あちこちの岩の姿に少々の異状が感じられるのだった。そして、山葵の葉は所どころでなくなっていた。沢蟹に飽きた誰れかが口直しにつまんでみたように。私は浮いている山葵の根は有難く頂戴してポケットに収め、一杯になるとザックに移して登った。沢岸に笹が現われ源が近くなっている。

やがて、水流は朽葉に蔽われた岩くずの間に見えなくなり、山の斜面の浅い窪みは藪の中に消えていく。私は笹を引きそしてわけて尾根へと登り、それからは低い木々の密叢を潜って頂上へと向かった。大きな朽木が横たわっている所だけ、あたりが明るくなって空がくっきり現れる。

突然、今登る尾根の長さが予想より長いことに気がついて私は藪の中で立ち止まった。地図を眺めても、そのようなはずはなく、山の地形と自分の立つ位置がしだいに曖昧になってくる。

――知っている人ばかりと思っていたのに、はっとして身廻すと知らないひとびとに囲まれていたのだった。そんな気持ちを抱いて木に登ってみる。葉末えの重なりの間に見覚えのある山が見えて、およそのところそう見当はずれとは思えなかったが、よく見る地形は地図と微妙にくい違い、その原因はさっぱりつきとめることができないのだった。地図にはよく似た峯が並んでいて（そのことにようやく気づいた）そのどちらかに来ていると思われた。

再び藪を分けて登った。二本のブナの大木が枯れたままに天を指して立つ所に出た。太枝は半ばで折れ落ちて、トルソーのような幹に岩ガラミの緑葉をきらきらと巻きつかせている。

とうとう尾根の傾斜がなくなってきた。しかし、見廻しても木の幹ばかりの藪の中であり山の頂上らしい気分の一向に感じられない所であった。私はもう一度木登りをした。少し視界が広がって、ようやくひとつの山と、木々の枝の隙間に又ひとつ山が見え、しだいにその名前が判かってくる。二つの山が判かれば地図上に私の位置を求めることができるのだ。しかし、揺れる木の上で地図を広げ、頼りなくふらふらと動き止まないコンパスの針を落ちつかせ、その上で、二つの山の頂上と私の間に直線を引くことは、恐ろしく難しい作業となりそうだった。千メートルぐらいの誤差はたちどころに生まれそうであり、私はその範囲のどちらかの峯にいるのだった。

（一九八三年六月）

カケスの青い羽根

五月二二日　曇時々小雨

妻が断崖から墜ちた頃、私は組合で小さな会議の司会をしていた。窓の大きな二階の部屋から、濃淡入り交った灰色の低い雲が見える。

私たちの業界の現況と将来についての話の時には、あとで捻《ひね》った質問をしようと思って聴いていた。

濡れた歩道を歩いて宴会場に移った。

七時二十分に家に帰った。妻はまだ帰宅していなかった。

十時に、私は倉のシャッターを上げ仕事の準備をした。前の道路は旧北陸道なので、大型トラックへの酒の積み出しは夜間と決めていた。

顔見知りの運転手が来た。

「京都の方はどうだった」

「出る時は雨やったけど敦賀で上った」

一本のホースで積み込んだので18kℓに二時間余り掛かった。

「今日はお仕事だったの?」

そんなことを言いながら妻が帰って来そうな気がした。

五月二三日　晴

朝、駅に行った。八時三十九分着の電車で、京都から酒造会社の人が来る。平野さんは人の流れが途切れそうになったところで現われた。私は、八ヶ岳に一人で登った妻も、この列車で帰って来るものと、なぜか思い込んでいたので、集札口に逆三角形に集まっている、あと僅かの乗客を見届けてから駅を離れた。

十一時に平野さんを送って駅に行った。山から帰る人を待つ時、予定よりどのくらい遅くなったら、私は行動を起こせばよいのだろう。このような相談は、知人や時にはよく知らない人からも持ち掛けられたことがあったけれど、妻のこととなるとよく解らなかった。

午後は予定通りびん詰めの仕事をした。

三時頃、私は出かけることに決めた。まだ電話がないのだから、妻は予定より一日と半分あまり遅れている。

四時過ぎに銀行へ行って二十万円を用意した。それから印鑑と友人の住所録、妻の写真、十円玉を一袋、その次に登山用具を揃えた。

妻の机の囲りも確かめてみた。もしかして手紙が見つかるかも知れないと思った。

五時前に、東京のMに電話をして、状況だけを説明した。

七時にMから電話があった。

Mは、大丈夫だよとは一言もいわずに、落合う所と時間を訊ねて来た。

七時半に、マッキンレーで山岳会長の宮本さんと会った。宮本さんは、心配だけれど生きていると思う、人手が要るようになったらみんなに動員をかけるからと言った。

「ありがとう、でも先ず範囲を絞ろうと思ってるんだ。T君だけ借りて行くよ」

「あいつならいい」

「では、みんなにはまだ――」

八時半に、木曜会でTに会った。すぐ出かけることを承知してくれた。
福井を車で出たのは九時十五分だった。外は寒くて星空だった。

五月二四日　晴一時ガスと小雪

下諏訪駅近くの小さな終夜食堂に入り、手打ちの中華そばを食べて外に出ると、空が白み始めていた。茅野で国道と別れて八ヶ岳に向かった。灰色の空の下に、鼠色の山なみが立体感もなく連なっている。更に夜が明けて、囲りに色彩が甦って来る頃、私たちは暖かで広い八ヶ岳の裾野にいた。

からまつの疎林に入る。木々は一度に芽吹き始めたところだった。

左に蓼科山から縞枯山にかけての延びやかな山稜が現われて来る。縞枯山はその名のとおり、針葉樹の林がところどころで白く立枯れて続き、凍りついた海のうねりのように見えた。妻がここに来ていたら、きっと物語を考えたことだろうと思った。

麦草峠に来た。風が白樺の下の笹を騒がせている。

峠の小屋に妻の消息はなかった。無線で通ずる公衆電話で家に連絡をしたが、吉報はなかった。

少し解ったこともあった。小屋番の人の日記によれば、二十日から天候が悪くなり。二十一日はかなりの風もあったという。

八ヶ岳は大きな死火山で、森林の美しい北八ヶ岳の連峰と、険しい崩壊期の山稜が続く南八ヶ岳に、普段分けて書かれている。

天気が悪かったら北八ヶ岳に行けばよい、と私はいい、妻も頷いて十九日の夜の電車に乗った。

私とTは、Mを待つ間を惜しんで、北八ヶ岳の苔の生えた森林帯を、かなりの速さで巡り歩き、森の間や、小さな湖を前にひっそりと立っている山小屋を訪ねた。白駒荘、青苔荘、高見石小屋、どこにも妻の気配はなかった。

峠の小屋でMは朝食を摂っていた。

「北八ヶ岳ではなさそうだ」

「どういう計画だったの」

「茅野から渋ノ湯を通って中山峠に登り、それから先はお天気しだいということで出た」

私たちは二手に分かれることにした。Tは渋ノ湯から中山峠を通り、八ヶ岳を南下する。

Mと私は車を本沢温泉に廻し、夏沢峠に登って、南下して来るTを迎える。

本沢温泉への道は途中で車の通行は無理となり、陽を浴びて明るい林の間の道を、Mと私は肩を並べて歩いた。

「出発の前夜、道子は思い立ったようにサリーを着て、写真をとって、と言った」

Mは黙っていた。

「その時の道子の様子がいつもと違っていた。何て言ったらいいか、目が違っていた。何かに身構えるというか」

サリーはこの冬のヒマラヤ旅行で、妻がカルカッタで買って来たものだった。青と金の玉虫色になっている。サリーでの撮影については、私たちの間に意見の喰い違いがあった。

妻はそのサリーを、ヒマラヤ行の隊長をした大学教授の退官記念の会に着ることにした。仕立てた人が写真を欲しいと言っている。妻はそう言った。生憎、その時私のカメラにはモノクロームのフィルムが入っていた。妻にそう告げると、こういう時は、フィルムを直ちに入れ換えてでも写すべきだ、と言った。しかし、私はそうしなかったのでサリーの写真は沙汰止みになっていた。

「それで出発前にとったわけ」

「新しいフィルムは全部使い切れなかったので、道子はそのカメラを持って山に行った」

冷たい風が林の中を通り抜け、私たちは汗ばむこともなかった。

「アンナプルナ山行が、転機になっていたような気がする」

私が話しだすとMは黙っていることが多かった。

到底かなえられない、と思っていたことが現実となってしまったので、これからどうしようと、思い迷うようなところもあった。そして、私はそのことを我々の問題というようには考えなかった。私は妻のことばを鵜呑みにしていた。

「あなたが、私と山に行っていて本当に楽しいというのでなかったら、いやなの。いつも、私のために調子を合わせてくれている。どうしても、そんな気がするのよ」

「始めは八ヶ岳ではなかったんだ。徳本峠から槍ヶ岳へといっていた。それを雪があるからといって、ぼくが八ヶ岳を推めたのだ」

「それは向こうの方がずっと多いさ」

「出発が近くなるにつれて、あまり気が進まなくなっていた。指定席ってこんな時不便ねと言っていた」

本沢温泉には山小屋が一軒あるきりで、その周囲に赤錆になったボーリングの機械が散乱していた。日向に犬が一匹ねそべっている。玄関で大きな声を出すと袖無しを着た娘が出て来た。

私たちは外にある手造りのテーブルで昼にした。日陰の空気はまだどこかに冬の冷たさを残している。

二十二日の午後二時から大雨になった、と娘が教えてくれた。

「行く前に道子はツェルト（簡易テント）を注文していた」

「持っていった？」

「いや、間に合わなかった」

ツェルトは初め私が注文したつもりでいた。ところが実際には注文しておらず、一週間前になって妻が求めることとなった。出発の前々日と前日に郵便局まで妻は受け取りのために出掛けていったが、結局一日遅れとなって届くこととなった。

本沢温泉から夏沢峠にかけては、針葉樹の間の九十九折りの道だった。見上げるばかりだった硫黄岳の火口壁が、少しずつ低くなって行く。峠には風があった。

片方の小屋が営業していた。

Tは既にここを通過していた。彼は山中峠の黒百合ヒュッテに妻が二泊したことを調べて来た。今は硫黄の石室に行っている。小屋番はそう教えてくれた。

話を聞いている間に、外では風が強くなり雪が舞い始めている。

小屋には客は誰もおらず、私たちは冷えた茶を飲みながら待った。

Tがヤッケを着て、息を切らして入って来た。

「石室にも寄っていなかった。二十二日に黒百合ヒュッテに置手紙をして発っています」

「置手紙?」

「横岳から海の口へ下るつもりです、とあったそうです」

「あそこは、まだ雪があって、迷い易いところだな」小屋番が口を入れた。

「黒百合でもそう言っていました。でも、素泊りだったから、朝早く出発されたようです」

Mは時計を見た。三時四十分を過ぎたところだった。そして、私を見詰めた。

外はガスになっている。今から硫黄岳を通って横岳に登り、海の口へ下るには時間が足りないように思われた。でも、Tは若いし、私も普通のコースタイムの倍くらいの速さで、まだ歩けるだろう。そうすれば日暮れまでには着けるはずだ。

「海の口へ下ることにした」

Mにそう告げると、

「そうか」

と小屋番が勢込んだ声を出した。

Mは車を海の口へ廻わす。十円玉の袋を渡して別れた。

硫黄岳へはガスと風の中を登った。時おり見える左の佐久側や、右の諏訪側には、あかあかと陽が当っているから、八ヶ岳は笠雲を冠っているに違いない。

硫黄岳の瓦礫のような頂上の近くから、ガスが一層密度を増したように思われた。番号入りの大きなケルンが、滲みながら現われて来る。私がここを一人で歩くとすれば、細い草の葉先の水滴が、風に小刻みに揺れているのを眺めるところだが。そして、多分、どこの小屋にも立ち寄らないだろう。

硫黄岳の石室で二十二日の天候を訊ねてみた。

「その日は風の強い日で、ヘリコプターで揚げたばかりの、灯油入りのドラムカンが二本行方不明になりました。飛ばされたのでしょう」アルバイトらしい小屋の若い男はそう言った。

それから、

「海の口へ下るのは、今日はお止めになった方がいいと思いますが」と付け加えた。

横岳の稜線は両側とも、削ぎ落したような赤い壁になっている。Tは時々、立止って下を覗くようになった。私も同じ気持ちで下をよく眺めた。

頂上の近くで道は険しくなって、岩場には鎖が取り付けてある。ここに来て、やっと十八年前の八ヶ岳登山のことを思い出した。岩場では雪がつるつるに凍り付いていて、とても困ったことがあった。

横岳の頂上は小さな岩峯で、そこには白い新しい道標があって、海の口への分かれ道を示していた。

急峻な山稜を二百メートルばかり下ったところから、海の口への尾根は一面残雪に覆われていた。

妻から、こんな話を聞いたことがあった。八ヶ岳に出かける十日ほど前に、近郊の山に一人で登って来た時のことだ。

「いいえ、雪があったから頂上までは行かなかったの、小さな雪の斜面だったけど、滑ってしまって潅木の中に入ってしまったの、それで止めにした」

そこで、こぶしの花の下で一時間ほど昼寝をして来た、ということだった。

左下りの残雪の斜面には、点々と大きな岳樺が疎に生えている。その一本の枝から標識布が下っていた。もとは赤だったのが、すっかり色が褪めて白に近くなっている。次の標識は左下に見つかった。

二つの標識を結んだ線を延長した方向に、古い足跡があった。雨の日が続いたので、近くで見ると形ははっきり見えないが、少し遠くからだと、雪の表面の色の違いでそれと解った。足跡は一人のようでもあり、二、三人のようにも見えた。左に谷に向かっている。

地図で調べると、海の口への山道は尾根に沿っている。私たちは、足跡は後廻しにして、少し先まで尾根の上を調べてみた。

その方向には何も見つけることが出来なかった。

日は西に廻って、佐久の谷間は少し黄色味を帯びている。牧場のような草原の中ほどのところに、テレビの小さな送信塔が立っているのが見えた。影が長くなっている。

私たちは尾根を見ることは諦めて、古い足跡に戻った。左下りに、浅い谷に向かっている。

何ほども、谷を下らないところに、タオルが落ちていた。東京の会社が出したもので、私の見知らぬものだった。

道からそれてしまったことを知りつつも、傾斜の急な雪の谷を、滑らないように注意して下って行く。それでも、うっかりして尻餅を突いてしまう。その時、タオルが落ちる。

そんな光景を思った。

妻は、その人より先か後に、やはりこの谷を下ってしまったのか、それは解らぬままに、私たちは翳《かげ》りを増して来た谷を降りて行った。

谷に滝が現れた。始めは小さく、その次は少し高く。どちらも簡単に下の雪渓に降り立つことが出来た。

三番目の滝は更に高そうであった。足元から延びた雪渓が途切れて、その先には、はるか向うの対岸の森林が見えている。その途切れているところで、足跡が滝の下を窺うように、ひと巡りしていた。そこでは一人の足跡だった。

確かに高い滝であった。濃いガスが立ち込めていると、下の雪渓が見えるかどうか。その岩壁の間の下の雪渓は短くて、先には、もっと大きな滝があるようであった。お天気が悪い中を、一人でここまで来ると、進退窮まったような気持ちになるかも知れない。

岩壁の間の雪渓には、足跡は見当らなかった。雪の表面に白い線が見えて、或いは人が滑ったために、そうなったものかとも考えたが、岩が落ちて出来たものと見るべきであろうと、私たちは話し合った。そして、その岩は滝のすぐ上に止っていた。

ちょうどその時、下の滝の落口のところにかもしかが現われた。

こちらからは見えないが、滝のところが階段になっている。そこを登って来た、という様子で灰色の大きなかもしかが静かに姿を見せた。

かもしかもすぐ私たちを認めて、そのまま立止り、視線を外さずに眺めている。

Tも私も山でかもしかに出合うのは、初めてのことであった。かもしかがあまりゆっくりしているので、私は次のような話をした。

「かもしか踊りって知ってるかい。ものの本で読んだ話だけど、かもしかには珍しいものに、見とれてしまう癖があるらしい。そこで信州の猟師はかもしかに出合うと、一人は何でもいいから踊るのだそうだ。かもしかが見とれている間に、もう一人がうしろから近付いて行って、ずどん、その踊りのことをかもしか踊りって、言ってるのだそうだ」

「まさか」

私たちはかもしかに手を振った。それが合図となったように、かもしかは歩き出し、こちらを何度か振り返りながら、右の崖に生えた木立の間に入って行った。見えなくなる前に、もう一度、振り返った。

足跡は谷間の雪渓から離れて、右の低い崖を登って樹林帯に入っていた。

林の中も一面の残雪であった。

そこで一度、足跡を見失なった。斜面の方向に下って行って、見失なったのである。

私たちは、低い崖を登ったところまで戻って、よく捜してみた。

今度は少し離れたところで見つけることが出来た。

足跡は、木の枝からの雨の滴が穿った円錐形の穴と紛れて、更に不明瞭になっていたが、雪の斜面を右へ右へと少々下り気味に横切って行く。

それは、山道のある尾根から左の谷に入ってしまったので、どうにかして右に帰りたいと考えて歩いている、とも思われた。

下るにつれて、雪は寡くなって、足跡捜しは一層難しくなった。

それでも、林の中を歩いた人の気持ちが、なんとなくわかるように思えたから、少し右寄りに捜して行くと、必ず見つけることができた。

雪がなくなっても、道のない斜面を山靴で歩けば、下草が倒れ、苔が剥れて、それと解る跡が残る。雨の後なので、少し難しかったが、大凡は辿って行くことができた。

足跡は小さい沢に出て、そこから本谷に入っていた。二箇所ほど、砂に残された凹みがあって、それと解った。

私たちは、傾斜のすっかり緩くなった谷川を、足元ばかり見詰めながら下って行った。

道のない谷川を通る場合には、自然に歩き易いところを選んで行くようになるから、時々、砂の上などに明瞭な、フットプリントといえるくらいの、足跡が残っていることがあった。

しかし、その靴底の模様は妻のものとは違っていた。

妻が先に通って、あとから別の人たちが下って行ったとも考えられる。

この谷を下ったのは一人ではなく複数であった。ごく稀に、砂の上に並んで靴底の模様が付いていることがあった。

尾根を下った山道は、この谷川と交叉して海の口に向かう。

薄暗くなった頃、山道が谷川を渡っているところに来た。あとはからまつ林の中の道を十分あまり歩いて行くと広い車道に出た。

そこにMの車があった。車には鍵が掛かっていた。

黒くなったからまつの梢を風が渡っている。私たちは黙ってMを待った。山から呼ぶ声が聞こえて、Mが下りて来た。尾根道を登ってみたと言った。

福井へ電話してみたけれど、連絡は入っていなかった。東京方面にいて、車で来れる奴には電話した。Mはそう言った。

私はそれ迄、だめだと打消しながらも、谷川の足跡に期待を寄せていたことが解った。

「あのかもしか気になりますね」

Tがそう言った。

確かに私も心のどこかでかもしかの目を意識していたように思う。

「あの滝を覗いてみたいよ」

私はMに言った。

小海線の野辺山の駅前に旅館があった。そこから、Mはあちこちに電話を掛けて明朝の集合場所を指定した。日立と大阪からも仲間が来ることが解った。

五月二五日　快晴

山岳部の仲間が八人集まって、私を入れて十一人となった。

すっきりと晴れ上った朝になった。長い霜柱が立っている。八ヶ岳は広い裾野を優しく延ばし、赤い頂稜の岩壁には、くっきりと陰影をつけ、一層深みのある姿となっている。

私たちは尾根の道を登った。すっかり近くなっている富士山は、低い靄の上に浮上っている。

Tと私は一足先に登った。林の中の湿り気を帯びた道に、新しい靴の跡はなかった。私たちは時々針葉樹のほの暗い重なりに向って声を掛けた。

やがて、尾根に雪が現われて、二六〇〇メートルくらいのところから、辺りはすべて雪に覆われた。

白く褪色した標識布が次々と見つかった。澄みきった青空を背景にしているのだから、その発見は容易だった。

雪の上には、極く稀に古い足跡と思われるものも残っていた。

横岳の稜線を行く登山者の歓声が聞こえる。その姿も、シャツの色もよく解った。

私たちは左の谷の始まりである少し広い雪の斜面に集まった。

昨日、Tと私が下った谷を中心にして捜索をしようと、Mは一行を五班に分けた。横岳から来る谷に三名、間の尾根に三名、かもしかの谷一名、右の樹林帯に四名とした。

発見した時には笛の合図三回と決めた。

お互いにできるだけ離れること、Mはそう言った。

私は間の尾根に入った。

横岳からの谷のSが、青い袋を見つけた、と叫んだ。妻は青のナップサックに食糧を入れて行った。私はSが見えるところに急いだ。

それはビニール製の袋で妻のものではなかった。始めは明るく開けていた谷も尾根も、下るにつれて複雑な地形に変わって行き、傾斜も増して、私たちはそれぞれ単独で捜しているような形になった。

尾根の傾斜は更に深くなって、辺りは暗くなった。本谷の沢鳴りが聞こえるようになり、そこに向かって、尾根が逆落しになっているようだ。

東京のSが、赤いものが見える、と私を呼んだ。

かもしかの谷を隔てた、対岸の急な崖にそれがあった。妻のザックだった。

「かなりヤバイ土壁だったですよ。ザックは、上下反対になって、岩の凹みのようなところに止まっていました。その下ですか、ちょっと先で、すぱっと切れていました」

あとで、Tはそう言った。

妻のザックと解ったところで、東京のSは合図の笛を吹いた。その音が、囲りにこだましているうちに、Tが、

「見えた」と叫んだ。

妻の体はかもしかの大滝の下にあった。

私たちはザイルを百メートル以上用意していたけれど、大滝の下は、高い断崖に囲まれていて、ザイルを使って下りることは、かなり困難と思われた。迂闊《うかつ》に降りてしまって、戻れなくなることもある。

合図の笛で、一同はSのところに集まった。Mはひとまず飯にしようと言った。

妻のザックは私の手に渡った。破れたところはなかった。その上に括りつけた青のナップサックの中には、食糧が二日分くらい残っていた。カメラも妻のベレー帽にくるまれていた。

それで出発前のサリーの写真は無事と解った。

私は妻が残したパンを食べ、赤いザックのポケットから、ポリエチレンの水筒を出した。

妻は去年の秋、薬師岳から立山に一人で行ったことがある。そのあとでこんなことを言った。その時も天気が悪かった。

「薬師岳を越えて行くと、だんだん山が低くなって来るでしょう。水が少しもないのね。これだけは残して置きましょうと思って、少しだけ水筒に残したの。あそこは低い山が幾つも続くのね。その間中、ザックのポケットで、ちゃっぽんちゃっぽんいってるの。その音聞いて歩いていたら、すっかり悲しくなってしまったわ」

ちょうど、そのくらいの分量の水が水筒に残っていた。

妻の体は、深い谷底の雪渓にあって、Tの外にはまだ誰も覗いていなかったが、発見された場所から考えて、絶望であることは明らかだった。

私の中で、妻がいなくなってしまったという考え、その場所に早く行きたいという考え、難しくて、行くことができないのではないかという考え、もし行けないところだったら、どうすればよいのだろうかという考えが、何回も入れ変った。そして、私はパンをいくら食べても空腹であった。

とにかく、私とTの昨日のコースで本谷に出て、そこから遡行しよう、とMが言った。

私たちがきのう下ったところから上流は、両岸に脆い岩壁がそそり立つ狭い谷であった。大部分は雪渓であったが、滝のところは雪が融けて、白い飛沫が現われていた。

幸い、滝はみな簡単に登ることができた。あとは、雪崩と共に落ちて来た、木や岩石が磊々としている緩やかな雪渓だった。

皆が立止って、左上の方を眺めている。左に分れた雪渓の中程のところに妻が横たわっているのが、とても近くに見えた。

正面に高く被さるように暗い滝の断崖がある。水は滴り落ちるほどにしか流れていなかった。

きのうかもしかはこの滝から現われたのだった。しかし、私の見たところでは動物が歩けそうなところはなかった。

囲りは瓦礫を積み上げたような脆い壁の、薄暗い谷間だった。時折り落石がある。私は独りで雪渓を登った。

岩屑が散乱している雪の上に、妻は仰向けに倒れていた。右の目が少し開いていた。

頭以外に傷はなかった。

片方の耳と鼻の穴に、大きなハエが四匹入っていた。摘まみ出しても動かなかった。

妻の頬に付いた砂を先ず拭った。頬がすっかり固く、冷たく変わっていることが解った。

妻は防水のオーバーズボンを穿いていた。

顔と頭をタオルとヤッケでくるんでいる頃に、仲間は登って来た。妻の遺体を、Yのツェルトで巻いた。

妻が墜ちたと思われる断崖は逆傾斜になっていて、私は高さ三十メートルくらいと思ったが、Mは五十メートルはあったと、後で言った。

ツェルトの両端をザイルで縛り、頭が上に来るようにして、雪渓の上を滑らせた。

下の緩い雪渓では三、四人でザイルを索いた。滝のところでは、別のザイルを予め張っておき、そのザイルに遺体を吊り下げ下で曳いた。

作業は極めて順調に進行した。

雪渓がなくなって暫くは、四人がかりで担ぎ、谷の傾斜が緩やかになったところで私のザックに入れた。

私とTと交替でザックを背負った。背負っている間に、妻の身体は死後硬直が次第に解けて柔らかくなった。両足に手を掛けて歩いていると、生身の人を背負っているように思うことがあった。

私は妻がいつか言った言葉を今一度思い出した。

「あなたが、私と山にいっていて本当に楽しいというのでなかったら、いやなの。いつも、私のために調子を合わせてくれている。どうしてもそんな気がするのよ」

そして、その言葉の本当の意味をその時まで私は感ずることができなかった。

五月二六日　晴

妻の遺体は小海町の千代里霊園で検死を受け。棺に入れた。

臼田署での調べが終り、午前二時頃、私は妻の棺の傍に横になったが、案外早く眠ったように思う。

妻は私の寝附きの良さによく文句を言ったことがあった。

目が醒めると明るくなっていた。私は柩の横の窓を開けた。霊園は浅い谷にあって、周りはからまつの林だった。鳥の声がよく聞こえた。みそさざい、ほととぎす、かっこう、うぐいす、あとは知らない声の方が多かった。

寝ころんで窓を見ていると、かけすが美しい羽根を拡げて空を滑って行った。

流れ雪

赤い岩の稜線

沢鳴りが遠くなった。

人の背たけより高く伸びたイタドリの間に小径が続いている。微かな谷風を受けて、重くしなだれたイタドリが揺れる。山径はやがてサワグルミの木立ちの底になった。オオルリの声が林の梢から降りかかる。

私は二十人あまりの一行の、後ろ近くを歩いていた。山登りの姿のそのグループには、かなりの年の人も混じっている。日焼けして逞しく見える若者の間に、足もとの少しばかり危なっかしい人が見分けられた。

涸れ沢に降りる傾斜地にツリガネニンジンの花があった。淡紫の小さな釣鐘が生まれた順番に並んでいる。水音の途絶えた沢に出ると、八月の太陽が大きな岩の重なりを白く灼いていた。

山から押し流された姿を見せて続いている荒々しい岩の畝《うね》を越えながら、私は遙か上流とその先の稜線を眺めた。ほんの一瞬だったけれど。

昨年の三月には、この沢からも大きな底雪崩が走り出ていた。今は沢の傾斜が、まるで緩やかに見えているのだからおかしなものだ。あの時は、稜線がのしかかるように高く見えていて、雪庇の真下には赤い岩壁がくっきりと現われていたのだった。

夏の緑が山の骨組みを覆ってしまうと、辺りの様子がまるでおだやかに見える。湧き水のある窪地でひと休みとなった。鳥の声と人の声が混じっている。原田さんがこちらを見る。

「毎朝、マラソンをやっとりましたけいの、今年はよほど楽ですわ」

原田さんの額で汗が光っている。

「ほんとうに毎日なんですよ」

「そうですか」と言ったあと、私は続きの言葉を呑みこんだ。息子を山で亡くして一年四ヶ月の夫妻に、何を話したらいいのだろう。

針葉樹の下のくらがりを歩くうちに、山の傾斜が迫り沢鳴りが高くなった。小径が低い木々を潜って谷間の崖に出る。シモツケソウの花が日を浴びていた。

崖の下から続いてゆく広い谷は、遠くで迫り上がり傾きを増している。その途中から上は長い雪渓になっていた。雪渓はしっかりした輪郭を風景に添えている。一行は岩の間で茂った草を分け、雪渓に近づいて行く。見上げると、稜線には白く光る雲が重なっていた。

谷風が吹き上げ始めると、雪渓からかすかに霧が立ち、やがて辺りは霧に包まれた。しかし、谷風の勢いが衰えて、ひんやりした山風が吹き降りてくる時がある。するとややあって霧は晴れる。双方の勢いが均衡している時には、風が止み、むっとする暑さが霧の中に立ちこめた。

一行は白い静寂の中を登って行く。やがて雪渓の傾きが急峻となる。霧に目隠しされているうちに、左右の緑の山肌は錆び色の岩に変わり、それは谷の両側から、迫るように現われる。

急斜面を登りきると、雪渓は再び広く緩やかになった。霧が去り、日陰の岩場が黒く見える山の頂きが現われてきた。真上に近い夏の日差しを受けて、山の姿が鋭くなっている。

振り返ると、谷の傾斜が深く落ちこむ辺りから、山風に戻された霧がゆっくり渦を巻き、よじれ合って立ち上がるのが見えた。藍色の空に薄く消えている。

ここまで登って来ると、どうしても周囲を見回してしまう。緩やかに広がった雪渓の端からは、岩混じりの草地が続いて、ミヤマキンポウゲの花の黄色が、かすり模様に見えていた。私は一年前の夏にもこの谷間に来ていた。遭難が起こって初めての夏という条件があったのだろう。催しに加わった人は多かった。その日は、空の色が黒く見えるくらいに、大気の透明度が増していて、山には一日中雲の影が走らなかった。その空の色の暗さが記憶に強く残っている。

ミヤマキンポウゲの間に記念に積み上げた石塚は、この冬の雪崩で殆ど崩れていたけれど、名残りの大岩はどうにか見分けられた。

「この鉢で分かりますね、確かにここでしたよ」そう話しかけると、

「わしは分からんじゃろうと思うて来た。よう残っとりましたのう」

裂け目が走っている黒い鉢を眺めながら、山岡さんは静かにそう言った。

去年、山岡さんがザックから菊の鉢をそっと出した時、私は思わず緊張してしまった（夏になっても雪が残る山に菊は育たないだろう。それに、平地の植物を高地に植えてよいものかど

うか)。今、見下ろすと鉢の中の土は、荒れ果てて乾いている。わずかに残った茎の一部がささくれて、小石に貼りつくように倒れていた。

——その場所に来てみると、日ごろ思い出すこともなくなっていた出来事のひとつひとつが、はっきりと浮かび上がる。去年の夏にも確かそう考えたのではなかったか。

しかし、事が起こって半年後の記憶はあまりにも鮮やかであり、何枚かの大判の写真を扇に開き、目の前に突きつけられているようでもあった。

それから一年が過ぎて記憶の形が少し柔らかくなっている。今となれば山で起きた妻の事故も含め、山での死について想い返すこともできるのはないだろうか。

山峡《かい》 —一日目— (1976年3月)

針の木峠に続く籠川谷を登って行くうちに、雪崩の跡(デブリ)が見えてきた。デブリは白く乾いた砂山の崩れのように見える。周りは、高曇りの空の下で影の輪郭がはっきりしなくなっているから、デブリは雪の山の浅く広い擦り傷のようにも見える。籠川谷を蔽った深い雪には、麓の扇沢から長い溝が彫まれている。その溝を辿ってわれわれは登って来た。溝は、きのう原田君の遺体を下ろす時についたものだ。

まだ三人の学生が行方不明になっている。捜索に集まった仲間は、その事を口に出してはいなかったが、三人はデブリの下のどこかに埋もれている、私はそう思いながら登っていた。

籠川谷はうねうねと続いて行って針の木峠（二五八五メートル）で終わっている。その向う側は針の木谷となって黒部川に合流している。平《だいら》で黒部川を渡り、対岸の刈安谷を登るとザラ峠に出る。峠から先は常願寺川の上流で、越中平野に下って行くことができる。

歴史の本を見ると、天正一二年の冬に佐々成政はこのコースを辿って、富山から信州に抜けたと書いてある。

籠川谷には、夏になっても長い雪渓が残る。その雪渓に当てはめると、ほぼ末端あたりがデブリの終点になっていた。夏に雪渓が残る谷には、冬の間に何度も雪崩が出て、多くの雪が厚く堆積するのだろう。

遠くから傷跡のようにはっきり見えていたデブリが、近くではよく分からなくなってきた。次第に靴が沈まなくなったことに気づいて、辺りを眺めると、積雪で平底になった谷に、飛沫の名残りのように雪の小さな塊が散っている。流速が早く、強い風を伴った雪崩だったのだろう。

デブリの末端は、両側から山が迫り、谷が細く括れた〈喉〉といわれている処であった。見下ろすと足元から白一色の谷が広々と続いている。喉を越えると、谷は一旦幅広く緩やかに変わって、針の木峠が見えてくる。その辺りではデブリが大きな川の流れのようであった。

峠は信州と越中を分ける山稜の優しいたるみにあって、籠川谷の源でもある。峠から右の方に、黒い岩を交えた稜線を目で追ってゆくと、雪崩が始まった処が分かった。

針の木峠の右肩の雪の斜面が裂けている。雪が剥げ落ちた跡は、鈍く光を撥ね返している。古い雪の氷化した面が、新雪に隠されていたのかも知れない。油をひいたように光っている雪の肌を見上げていると、その上に乗ったものは、たちまち滑り落ちてしまうだろう、という気持ちになる。新しいデブリの上に立っていたから、余計そう思ったのだろう。

急峻で、しかも広い面の雪が一斉に崩れ落ち、下のマヤクボ沢に集まって走り、その勢いで籠川谷を抜けて行ったと思われる。始まりから終わりまでは、二キロメートルぐらいであった。

一昨日の夕方、広島から電話があった。

「大学の山岳部員が針の木で雪崩にやられました」

監督の山内君はいきなりそう言った。

「針の木で」

と私は鸚鵡《おうむ》返しに応えたようであったが、その次のことばは声にならなかった。まさかうちの学校が、夕方、向こうはもう暗い。早く人を現地に出さないと、と一度に思ったようであったが、電話の前の壁に下げてある懐中時計を見たのが唯一の動きで、針は七時三一分を指していた。

山内監督の声が続いている。

「六人だったんです。針の木の頂上を越えて、しばらく峠の方に行った処というのですが、よう分からんのです。三年の斉藤君というのが連絡してきたのですが、なにいっとるのか、さっぱり分からんかったそうです。私は会社にいて家内が電話に出たのですが」

驚きが体の芯の方に沈んでいって、電話の声に相槌がどうにか打てるようになった。

「どこから連絡してきた」

「ああ、関電の扇沢駅です」

黒部第四ダムへ通じている立山ルートの信州口の、関西電力の扇沢駅であれば、頭の中に山の形が少しは見えてくる。どうやら事の様子が飲みこめるようになった。

「始め、斎藤君のいっていることが、何が何やら分からないので、関電の人が代わってくれたそうです。それでやっと分かったといってました……。

雪崩に流されて、気がついて這い出したら、近くに原田君の体の一部が見えたそうです。何とかして、掘り出そうとしたけれど、できなかったので、顔を雪の上に出して下りて来たというのです。でも、息はしとらんようじゃったというのですが、大丈夫でしょうか」

山内君が訊ねているうちに、反射的に、原田君の顔に雪が降り積もる様子が浮かび、

「だめと思う」

という断定調のことばが出てきた。

その時一方では、もう少し現地で方策がなかったものか、とはがゆく思ったものだったが、デブリの締まり雪の中から、素手で人を掘り出すことは、容易にはできない（デブリから這い出して来るうちに、両手が凍傷に冒され、グラブのようになってしまった人を思い出した）それに、人工呼吸も当人が雪の中だからどうしたものか。

「とりあえず、これから学校に行って対策本部を作り、人を集めます。増永さん現地に行ってもらえますか」

私の仕事の方は一日あれば、都合がつけられるだろう。しかし、雪崩による遭難の場合、当人がデブリの中に閉じ込められているのであれば、せめて二時間以内に現地に駆けつけないと救援とはいえなくなる。これまでに奇跡はあったけれど。

「あさっての朝には現地に行ける」

出かける前から、絶望の色が濃いと考えられる事故であったから、気分が重く、答える声には張りがなかったように思う。

私は北陸の小さな町で、小さな地酒の会社を経営している。仕事が案外早く片付いたので、翌日の午後、車で家を出た。不安気な家人には、

「この齢だから、山には登らない。宿屋の電話の前に坐っているだけだ」

そう言ったような気がする。事実そう思い込んでいた。だから、寝袋の用意はしなかった。吹き晒しの処に、長い間立つことがあるかも知れないと思って、羽毛服の上下だけ車に入れた。

快晴だった。高速道路沿いの山の木々が芽吹き始めている。潤み色を見せている。

原田君の遺体が警察と山岳救助隊によって収容されたこと、町田君という三年生が、昨夜は針の木峠小屋（冬期閉鎖中であった）の軒下で過ごし、今日昼になって扇沢に下山してき

たことを、車のラジオで知った。一行六人のうち、二人生還、一人死亡、三人が行方不明ということになる。

高田、長野を通って、大町市の竹の屋旅館に夜中の一時に着いた。中仙道を経由して来た方が早かったかも知れない。


薄雲が拡がっている。谷を吹き抜ける風が絶え、寒さは感じなかった。われわれは広いデブリを登って、原田君の遺体が掘り出された跡の、大きな穴の周りに集まった。谷間の中ほどに当たっている。

私は二十人ばかりの一行を二手に分けることにした。生還した町田君を含む六人でデブリを更に登り、その表面や周囲を詳しく調べる。そして、雪崩の正確な見取図を作る。この先、雪が降れば辺りの印象が変わり、まして、雪が溶け始めれば山の様子が違って見えるようになるから、それは今後の捜索と、事故の報告書のためにも必要なことであった。残りの人で、行方不明者の捜索をすることにした。

周囲を眺めてみると、まことに広いデブリであった。どれぐらいとも見当のつかぬ雪の堆積の中から、三人を捜し出せるものかどうか、ただ突っ立って辺りを見廻しても、白一色が拡がっているばかり、心もとない気持ちになってくる。

斉藤君が埋もれていた穴は、原田君の処から少々右寄りの上手にあった。「雪崩に巻き込まれて、何がなんだか分からなくなっているうちに、体が止まりました。四方から、ぎゅっと雪に押さえつけられたようでした。左の腕だけ動いたんです。夢中で動かしてみると、その上にあったザックが飛んで、さっと光が見えました。それで這い出せました」

斉藤君は自分の埋まっていた跡を見下ろしながら、そう説明した。更に、斎藤君の話によると、雪崩が起る前に、リーダーの山岡君とサブリーダーの原田君は、ザイルで結び合って先頭を行っていたという。

雪崩に流されているうちに、ザイルは切れた。

きのう原田君が掘り出された時、切れたザイルは下流に向かって延びていた、と警察より伝えられていた。それでは、リーダーの山岡君は、もう少し下へ流されているのではなかろうか。私はそう考えて、下流に向けてゾンデを始めることにした。

雪崩に遭って行方不明になっている人は、デブリの中に埋まっていると考えられるから、捜索はデブリの表面ではなく、その内部を主に行う必要がある。しかし、デブリの雪は堅く締まっている。泳ぐようにかき分けなければ前に進めない、ふわふわの粉雪が、ひとたび雪崩れるとすっかり体積を縮めてしまう。山靴が殆ど沈まぬくらいになる。広いデブリを掘り起こすことは、限られた人数では不可能に近いだろう。

締まり雪にスコップは立たなくても、細い金棒ならば、深く突き刺すことが出来る。われわれはゾンデといわれている金棒を持って、谷間を横断する一列となり、デブリを刺して行った。ゾンデを刺す間隔は、雪の表面に縦横三〇センチぐらいの碁盤目を作るようにする。

右腕に力を入れると、ゾンデはするするとデブリの中に入って行き、ある深さで抵抗が生じ止まる。そこで二、三回ゾンデを上下させる。先程の抵抗は消え、更に深くゾンデが入る。抵抗が感じられるまでの深さが、凡そ一定であれば、その抵抗面は古いデブリの氷化した表面である、と考えられるから、行方不明者は、その面までの締まり雪のどこかに「いる」ことになる。

登山者が雪崩に埋められながらも、何日間か生き延びていた例を私は知っている。穂高の滝谷での生還者は、雪のブロックの間に出来た小さな空間に閉じ込められていて、四十数時間後にゾンデにより発見され助け出された。大雪山の場合には、就寝中に雪洞が雪崩で潰され、何人かの登山者はその時息が絶えた。しかし、僅かな空間が一人の生存を許し、その人は、地上の光を求めて、何日か雪を掻いたことが分かっている。雪溶けとともに現れた手帳によって、総てが明らかになった。

今朝は、

「原田君の家族の方が着かれた」

という声で目が醒めた。窓が白くなったところだった。私は広間の入口近くで眠っていた。玄関横の小部屋に十五・六人の人が炬燵《こたつ》を囲んでいた。小部屋には固く冷えた空気が満ちている。大学の山岳部代表の丸山教授とともに挨拶を済ませ、家族の方々を六角堂に案内した。


白く濁った朝であった。水溜りが厚く凍っている。お袋さんと並ぶように歩いたが、何ひとつ話を思いつかなかった。話をしても、耳を傾けてもらえたかどうかは分からない。

六角堂は杉木立の中にある曹洞宗の小さな寺だった。

笑顔で家を後にした若者が、その時の姿のままに柩の中に臥している。

冷たく硬く変わったその肌に触れた人は、彼がこの世界から逝ってしまい、今では追いすがる術もないことを、冷厳な拒絶の感覚として知らされる。私はその感覚を八ヶ岳で識っている。妻は岩屑の散らばる雪渓で仰向けに倒れていた。六角堂では短い間だけ同席したのであったが、かなり長い時間に思われた。

山内君を始めとする山岳部の若いＯＢたちは、山の麓にある旧国鉄の保養所に泊まっていた。

籠川谷の扇状地の唐松林の間に白い建物が見える。裸の木々の梢を、羽毛の形になった巻雲が渡っている。日陰に硬く凍った雪が地肌にこびりつくように残っていた。

ロビーで山内君と話をした。

「きのう、六時から大町署で会議をしました。出たのは丸山先生に後藤君と私、それに出動してくれた人達と署長です」

「救助隊は何人登った」

「民間が十名、警察官が十名だったそうです」

「今日はどうすることになってる？」

「救援隊はきのうだけということになっています」

「なんていってた、現地の様子」

「あんな処へ捜しに行くのは馬鹿みたいに言われました」

山内君は苦い笑いを浮かべながらそう言った。

「それで、引き継ぎはなかった？」

「山岡君のザックをもらって来ました。ずっと上の方で、背負い紐だけ出ていたそうです、ゾンデは原田君の地点の上下各二〇メートルということでした。それから、今日の事ですが、町田君がきのう下って来た尾根をルートにして針の木峠に登り、上からデブリを眺めてみようと決めてきたのですが」

山内君の話を聞いているうちに、私の心が決まった。

「今日はデブリのゾンデをしよう」

「そうしますか」

「晴天三日目だろう。出ないよ、出てたまるか」

雪崩が出てたまるか、は余分であったが、山内君はどことなく釈然としない顔付をしている。

この度は、玄関のドアを押しながら家人に、

「現地には登らない」

と言って出かけて来た。捜索は当然行われるけれど、私が山に登る機会はなかろう、とい

う気持ちであった。しかし警察署の会議で立案された捜索の方向が、いささか見当外れと思えた時に、私の内で山への構えといえるものが、突然動き始めたのであった。

仲間が雪崩に遭った辺りでは、昭和二年の冬に、W大学山岳部の数人が死亡している。当時が、日本の登山史では、雪崩による多人数の最初の遭難になった。当時何回か捜索が行われた何回か捜索が行われたが、遺体の発見は六月に始まって、九月にまで及んだ。大町の人たちは、その時の出来事をよく覚えているのだろう。会議に臨んだ人たちには、そのうち雪が溶ければ出てくるだろう、という人ごとの気易さがあったのかも知れない。しかし、それにも増して、そういう危ない処であるから、捜索に気を遣うあまりつい無理をして、もうひとつ別の遭難を起こす怖れもあると、私たちの行動を案ずる気分も強かったであろう。

「警察に行ってゾンデを借りて来いよ」

周りにいた若いOBの一人に私はそう言った。

「なんていいましょうか」

「今日は天気が好いから、現地でゾンデをすることにした、と言えばよい」

「警察にありますか」

「大町署だよ、あるに決まってる」

山岳部とその卒業生の社会は、どこまで行っても縦の系列になっている。大町に集まったOBの中では、私が一番の古株になる。家に帰れば、一人の店員がいるだけであるが、此方には二十人を超える若者が周りにいる。唐松林の中にいた頃から、私は縦につながる社会の弊風に染まっていたと思う。

大町署から借りたゾンデはオーストリー製で、長さ一メートルぐらいのステンレスの細い棒を、三本繋ぎで使うようになっていた。デブリの厚さを調べてから、それを二本と一本に分けて、それぞれが持ちゾンデをした。一メートルのゾンデでは、長さに少々心もとない面があったけれど、私は全員で作業をする方に決めた。

ひわひわと曲がるステンレスの棒に、垂直に力を込めると、一気にデブリの中に入って行く、手袋が雪の表面にぶつかるまで刺し込んで、引き抜いたところで一歩前進する。

ゾンデが「何か」に当たって止まることがある。スコップを使い掘り下げてみると、それは決まって氷の小さな固まりであった。雪崩は氷の面もどこかで剥ぎ落して来たらしい。慣れてくると、ゾンデが何かに当たっても、それが氷であれば、二、三回突くうちに抜いてしまうことが分かった。

扇沢に残っていた山内君が、無線で原田君の荼毘《だび》の時間を知らせてきた。後事は神成君に託した。山内君と相談して、学生の斉藤君も山を下ることに決めた。

われわれが下っていく谷間の崖を、横に渡っている古い足跡がある。どうして歩き難い処を通っているのだろうか。きのうの救助隊ではあるまい。そこまで考えた時に、思い当たることがあった。

「斉藤君、あんな処、どうして通った？」

「始め、怖くてたまらなかった、どこからでも雪崩が来そうに思えたのです。よく見たら兎の足跡がありました。そこなら安全だろうと思って、足跡を辿って下りました」

「君は確か、奄美大島だったね」

「いえ違います。生まれたのが徳之島で鹿児島で育ちました」

雪を身近かに知らずに育った人が、雪崩に遭ったのだから、どんなに驚いたことだろう。崖にあった兎の足跡を辿ったことは、斎藤君の心境を想像すると、分かるところがある。しかし、どちらが良いかと問われれば、そのような時には、谷間を一直線に下った方がよい。

冬期休業中の関西電力の扇沢駅の外れに佇んで、山を見上げているひとが遠くから見えた。妻の事故の時、五月の八ヶ岳では、始まりから終わりまでその総てが、私たちの仲間の手で、あとから考えても不思議としかいいようのないくらいに、順序正しく進んでいった。或いはその精妙さの中に、私には遂に感じることができなかった、ある意志の力が紛れていたのかも知れない。籠川谷の厚いデブリの中から、あの時のような精妙さで、三人を発見することができるのだろうか。考えただけでも、空漠たる荒野をあてもなく進む思いがした。しかし、そのあてのなさを、私は言い繕うことはすまいと決めた。

「一年の名村君のお父さんと叔父さんです」

山内君がそう教えてくれた。

「洋一が怪我をしていて、そのために動けずにいて助けを待っている。そういうことは考えられませんか、可能性はありませんか」

その声は小さく、どちらかといえば遠慮がちだったけれど、どうしてもいわずにはおれないという響きがある。

「われわれもそのことは先ず考えてデブリ全体とその周囲の調査をしました。頂上近くですから、起伏が少なく白一色でよく見透かすことができます。残念ですが、その可能性は見当たりませんでした」

この時になって、前に行方不明者を捜しに八ヶ岳に登った時、そういう女は見かけなかった、と断定する人が少なかった訳が初めて分かった。

「それから、名村君が町田君のように、針の木峠に登ったかも知れないということも考えられますが、今日のお天気ですから、もし登っていて、その元気があったのだったら下山して来るはずと思います」

話の途中で、遠くのテーブルに頭を伏せた、身じろぎもしない女性の姿があったことに気づいた。

扇沢から下り始めたところで、登ってくる三台の車に出会った。原田君の家族を乗せた車だった。火葬場で待つ間に山を眺めたいという話があり、案内して来たという。

空は高層雲に蔽われて、山々は輝きを失っている。どこからともなく日暮れの気配が漂い始めているが、視界は妙に遠くまで利いて、冷たく白じらしい景色だった。

「あの向こうに見える山、白い山から、こちらの峯の上を息子さんたちはずっと縦走してきて……」

始め、話していることが、うまく伝わってゆかないように思った。目の前に異様に高く険しい雪と岩の山が、ずらずらと連なって、まるで覆い被さるように見えているのだから、その白い山に登り、峯を越えて行くということが、実感とならなかったかも知れない。

「あちらの一番遠くに、三角の、黒い三角の山が見えるでしょう」

「はあ」

「あの山が針の木岳です。ここからは見えていませんが、頂上から少し左に寄った処から雪崩が出ました」

「……」

「息子さんたちの足元から崩れた雪が、一気に谷底に落ちて」

「……」

山を彷徨《さまよ》っていた一同の視線が此方に集まって、一言も聞き漏らすまいという気配になった。

「右の黒い林の陰で見えませんが、その向こうぐらいまで流されました。短い時間だったと思います。雪崩に遭った人の話によりますと、あっという間の出来事で、何がなんだか分らなくなってしまうそうですから」

大町の市街を抜け、安曇野を横切り、東の山間《あ》いを登った処に火葬場があった。高層雲から鼠色の足が延びて、唐松の林が暗い茶色になっている。辺りには冷えきった空気が澱み、汚れた雲が、かさかさに凍り始めている。

係の人に呼ばれて中に入ると、原田君の骨は、狭い部屋の中央の台の上に、小さく一山に積み上げてあった。

丸山教授と竹の屋旅館に戻る。前島君と山岡君の家族の方々に広間へ来てもらった。私は扇沢と針の木峠の話をした。雪崩の様子もなるべく詳しく説明した。その次にゾンデについて話を進めていった。広間に集まった家族の人たちは、私の目をしっかり見詰めるばかりで、始めは何も訊ねる様子がなかった。何人かのひとの目には涙がある。

「ところで、そういう場所ですから、雪がある時には、とうとう見つけることができずに、雪溶けのころになって発見されることもあります」

もし捜索が長引くようなことがあれば、その切り上げ時を決めることも、私の役目と思っていた。山で雪崩があって直ぐに、デブリから遭難者が発見されることは少なく、私もそうであったが、大町に集まっている仲間や、今は各地で待機している仲間たちも、一様に、これから夏になるまで、少なくとも日曜ごとに誰かが登って、雪溶けの調査をしなければなるまい、と考えてもいた。だから私はいきなり家族の方にそのことを伝えるより、

「そんなことにもなりそうだ」

と情況の報告の合間に、私の逃げ道作りもしようと思っていた。

「それはよう分かりましたけど、まだ命がある、ということは考えられませんやろか」

初老のひとが身を乗り出すようにして訊ねた。

「そのことは、私たちも真先に考えました。雪崩の跡の捜索に掛かる前に、辺りを十分調べました。私は絶望と思っています」

広間のあちこちにいる四・五人の仲間は、それぞれの役目に没頭している振りで、此方の様子に気持ちを配っているらしい。それは背中の気配に窺うことができた。

「私は前に妻を八ヶ岳で亡くしました。皆様のお気持ちは十分お察しできます」

どうして妻のことがここで出て来たのだろう。それは不意に私の口から出てしまった。この時、旅館の広間の入り口近くで、私は遭難者の家族と向かい合っていたのだったが、その広間の様子が音もなく退いて行くように思われた。妻の山での死は、まったく不意に私の口から出てしまった。ほんとうに思いがけなく。

音の消えた旅館の広間で、別の「私」が妻のことを話していると感じられた。そして、その話を聴いている私がいた。

「それから捜索の費用のことですが、ここに来ているOBの経費、これは自己負担です。これから集まる者の費用もそうなります。その他に掛かっているお金は、あとで山岳保険が使えます。みなさまにご負担をお掛けすることは、恐らくなかろうと思います」

これで、私が話をしようと思っていたことはなくなった。過去にあったデブリからの生還者の件は、胸の底に置いたきりであった。私は、家族の方々を前にして、重々しく決定的な申し渡しをしたような気分になった。事件は既に起こり、既に何かの形で決着してしまっている。今はそのことを、手探りで推し量っているだけなのだが、私が事件を決定したかのような後味が残った。

「夕食はこちらでなさいますか」

三浦女史が、そう言ってくれたけれど、急いで山に帰りたくなった。山で一緒に動いた仲間のところが懐かしくなっていた。

「扇沢へ私も乗せて行って下さい」

船橋君がそう言ったので、二人で帰ることにした。車で約四十分の道程である。船橋君とは八年前にアフガニスタンで山登りをして、印象に残る三ヶ月を過ごしたことがあった。お互いに山での付合のしかたを心得ている。今更、今日の出来事を振り返り、事々しく話す気持ちにはならなかった。

暗い林の間の道で雨となり、扇沢に着く頃には霙《みぞれ》に変った。この空模様では、明日は山に登れないだろう。

扇沢駅の喫茶室には、山内君の計らいで捜索の基地が設けられていた。そこには共通の仕事を終えた後の屈託のとれた和やかさがあった。

「疲れていると思いましたから、酒を呑んでもらうことにしました」

一升びんが十本入った二級酒のケースを指しながら、山内君はそう言った。神成君たちは六時までゾンデを続けたが、何ひとつ見つからなかった。真暗になってから帰って来たということだった。

九時でスチームが切れた。それを潮に、喫茶室のテーブルと椅子を外に出し、木のタイルを張った床に、それぞれが持参したマットや、その外のもので工夫をして寝床を作り休むことにした。私は新聞紙を敷き、羽毛服の上下を着て横になった。

叢雨《そうう》　―二日目―

乱層雲が垂れ込めて雨が降っている。

春の雨は山に積もった雪の間に滲み透って、しっかり結び合っていた雪の粒子を、ざらざらに動き易くする。そして、雨の降り始めと共に、雪の中で重さの釣り合いが次第に変わる。そのため、或る時間が過ぎると雪の斜面の緊張が切れて、あちこちで湿り雪の雪崩が始まる。雨は広い地域にほぼ一様であるから、雪崩の始まる時期が、大略揃ってくる。私はその様子を見物しようと思った。

扇沢駅の二階が黒部第四ダム行トロリーバスの乗り場になっている。吹き晒しの場所に、細長いトタン屋根が延びている。そこに椅子を出して山を眺めることにした。

雲の底は二〇〇〇メートルぐらいの処にあって、その下の谷間に時々霧が湧く。何度めかに霧が去ったあとで、遠くの山の肌が淡い黄色に、水が流れた跡のように変っていた。それが切掛となった。暫くの間に黄茶色が山肌を蔽って行った。

「何か見えますか」

T大学の助教授になっている松岡君だった。無電に詳しい松岡君は、通信と連絡の総元締のような役目をしている。

われわれは以下のような連絡方法を採っていた。捜索地点と扇沢駅は、途中で一回中継をする無線で結び、扇沢から竹の屋旅館へは赤電話で連絡する。そして、広島の本部へは竹の屋より伝えることとする。この連絡方法は少し遠回りになるけれど、現地に集まっている人たちに、今何が行われているかを、ことさら知らせなくてもよいという利点がある。竹の屋にいる家族の人たちも、捜索の様子を見当づけることができるだろう。松岡君は無線の中継点をうまくみつけていた。トランシーバーの電波は真直に進み、山に当たって撥ね返るものらしく、どこにいても中継できるとは限らないという。

「だいぶ出た。色が変った」

「どの辺りですか」

松岡君は元の色を知らないから、どこか不得要領な様子で山を見ている。

車の音が聞こえてきた。扇沢駅に登る道は、つづら折りになっている。雪の小山の間に、今に車が見えるだろう。そう思って下を捜していると、

「あんな処に出た」

松岡君が大声を出した。

「どこに」

「そこ」

目の前の黒い林の間の沢が流れていた（車の音ではなかった。雪のブロックが流れてくる）。酒の仕込みの時には、大量の白米を水流で洗ってゆくのだが、雪崩は拡大された米の流れのように見えた。

今朝の天気予報では、雨は一日ぐらいで歇《や》むということであった。その後には寒気が来るのだろうか。それとも雪になるのだろうか。そこまで考えたところで、思いつくことがあった。

下の喫茶室では山内君が中央に立って話をしていた。この捜索に加われるのは何日までか、と一同に順に訊ねている。十日以上という者も二・三人はいたようだが、一週間ぐらいが大凡の限度であった。私は手帳に控えている山内君にそっと「あと三日」といった。

花見が近づいている。四・五日分だった自社製品の在庫を思い出した。

「それから、本部の方から学長名で、捜索協力のお礼状を、各職場にすぐに出すといってきているのですが、早急に要る人は」

殆《ほとん》どの手が挙がった。こればかりは私がもらってもしようがない。山内君がひと区切り付いたところで話しかけた。

「ゾンデを作ろう」

「あんなの直ぐできますか」

「いや、前に穂高で使ったのは鉄筋を曲げて作ってあった」

「竹の屋に電話しましょう、大町にも鉄筋ぐらいあるでしょう。藤本君が専門ですよ。現場から来ているんです。あいつは詳しいですよ」

「二・三十本欲しいな」

「どのくらいになりますか」

「そう高くはつかないと思うけど」

捜索の費用をいかに安くするかという点も、われわれの気懸りのひとつになっている。ゆうべは相羽君がそっと近付いて来て、

「これだけいると、一日分の食糧買っただけで、三万円ぐらいになってしまうのですよ」と言っていた。扇沢にいるOBたちの経費は食費ぐらいで済む。この喫茶室は無料とみてよいだろう。しかし、竹の屋の費用は捜索が長引けば、かなりの額になるだろうし、既に出動し

た地元の人たちへの支払いもある。

「保険には入っていた？」

「ええ、一人最高五十万の捜索費用支払いつきです」

「それやったら、何とかいけそうだね」

「何とかなってほしいですね。でも、長くかかりますと」

「夏までいったら、ちょっと。今の金はどうなってる？」

「第二陣で、広島からある程度持って来たはずです。竹の屋に電話して来ます。藤本君は向こうですから。長さはどうします」

「二メートルにしようか」

山内君が立ったのを潮に、私はもう一度階段を上ることにした。

雨の勢が弱まっていた。風が落ちている。山の雪の様子には新しい変化は見えなかった。それは、不安定な状態の雪が、総て滑り落ちたことを示しているのだろうか。雲は山肌に低く纏い着いているが、雨は更に細くなり、近くの建物をしっかり眺めても、白い糸が殆ど見えなくなっている。

――今から現地に登ってみよう。

私はそう心に決めた。今日のような状態の時に、谷を登ることは無謀に見えるかも知れない。しかし、早朝からの雨で危なっかしい雪は既に落ちている。今日現地に登ってこそ、明日からの方策が立つのではないだろうか。雨で雪が溶け、思わぬ発見があるかも知れない。雨のあとに雪となれば、僅かに見えていた「もの」も再び隠されてしまい、もしかすると、夏までそれは見つけられなくなる虞《おそ》れがある。あらゆる機会を捉え、山がみせる小さな隙を見逃すことなく利用していかなければ、あとに長い尾を心の中に育てることになるだろう。私は下に降りて後藤君に声をかけた。そういうことはなかったと私は思っているのだけれど、この時、心の中に気負いがなかったとはいい切れないような気がする。

「今から二人で現地に登ってみよう」

するると、近くにいた山内君の方が先に、

「それじゃ、私も行きましょう」

と顔を上げた。

時間を持て余し気味であった喫茶室に、少し動きが生まれしばらくの間に準備が整った。

籠川谷まで一緒に来た神成君が、われわれの背中に激励ともつかぬ声をかけた。

「気いつけて下さいよ。あんたらを捜すヒマはないんじゃけえ」

歩き始めると、まだ少し雨が降っていることが分かった。雪は深い灰茶色に変って、その嵩が低くなり、きのうの足跡が表面近くへ浮き上ったように見える。

扇沢から一五分ぐらい登った処に、砂防用の堰堤が長ながと築いてある。そのコンクリートの壁に掛けた梯子を登って、われわれは少なからず驚かされた。今朝の雪崩がダムで堰き止められている。籠川のこの辺りは、まだほぼ平坦で、私が山で得た知識からは、この谷の雪が動くとは思えないのだが、遠くの高い山肌から落ちてきた湿り雪の雪崩は、緩やかな谷を小氷山の連なりに変えている。

われわれはその長いデブリの右に沿って登り、大沢小屋の下に出た。右の赤石沢から来た雪崩は本流に入って、対岸にのし上げてうねるように曲がり、はるか下流のダムへ走っている。

デブリの端に立って本谷を見上げながら、山内君が言った。

「なんにも出ていないところが、かえって不気味ですね」

「小屋の方に登って行こう」

われわれはそう話し合って、まだ雪崩に荒らされていない本谷を避け、きのうのコースから離れて、大沢小屋がある台地に出た。かなりの年を経た岳樺が疎《まば》らに生えている。少しゆったりした気分になって、古い木を見ていると、トランシーバーから松岡君の声が流れ始めた。

「こちら扇沢基地、藤本がゾンデの見本を持って上って来た。四分鉄筋と三分鉄筋である。いずれを採るか指示されたし」

山内君が送信のボタンを押して話し始める。

「ゾンデの決定は神成の判断にまかせる。新たに作る数は三十本」

「神成がゾンデを決める。その数は三十本。以下了解」

「偵察隊の現在位置は大沢小屋下五百メートル」

「大沢小屋下五百メートル了解」

「天候は霧雨。更に上流に向かって登る」

「天候霧雨了解、……」

軒の近くまで雪に埋もれた小屋の前を通り、われわれは籠川谷が一望の元になる、山の斜面の一角に出た。谷の上流にも新しい大きな雪崩が出ていた。薄茶色のデブリが冷えた熔岩のように長ながと谷を埋めている。雪崩がどこから始まったのか、それが気懸りなところだが、遠くはガスと紛れてはっきりしない。もし、昨日の捜索地域や、その上流が今日のデブリに蔽われているとすれば、二メートルのゾンデでは長さがまるで足らず、われわれは捜索の方法を変更しなければならないだろう。

「右からですね」

双眼鏡を当てていた山内君がそういった。

「本谷はどうなってる？」

「出ていないようです」

「正月に大山に行ったんです」

後藤君がデブリを見ながら話し始めた。

「若いＯＢばかり八人で行きました。屏風の下です。そうしたら新雪雪崩が出てみんな流されてしまいました」

「え」

「雪崩は大したことがなかったのですが、それ以来怖くなりました。今日もなんだか怖いですね」

そういいながら後藤君は笑っている。

「あまり感じないけど」

「流されてから、考えが変わりました」

「山内君はどう？」

「何だか、不気味ですね」

本谷に落ち込む小さな谷は、今朝のものらしいデブリで一様に蔽われている。更に新しく雪崩が来るとは考えられなかった。但し、ガスに隠されていて、様子の分からない本谷の源頭については、今のところ何もいえない。その辺りを見届けなければ、ここまで登って来たことの意味が薄れる。

「もう少し行ってみよう」

われわれはいざという時の逃げ途《みち》を考えながら、籠川谷の端の方を進み大きなデブリに近づいて行った。ガスが薄くなってデブリはスバリ沢からの雪崩によるもの、と分かってきた。仲間の遭遇した雪崩の末端は、今日の湿り雪の雪崩に蔽われて、かなり様子を変えているが上流はきのうの姿であるらしい。

その時、後寄りの高みから、低いもの音が聞えて、突然、大小の雪の固まりが落ちて来た。雪の量は少なかったけれど、先程までわれわれが評定をしていた処にちょうど落ちた。そこは赤い岩壁が頭上にあって、雪崩には安全と思えていた処であった。

「これは、もう帰りましょう」

「うまい処に来たもんですね」

後藤君が少し笑ったあとで、山内君は感心したようにそう言った。

最も安全であろうと思っていた処に、乾いた音をたてて落ちて来た雪の固まりは、今日のわれわれの前途に、ある暗示を与えたように思えた。しかし、私の心のどこかには山がフェイントモーションを仕掛けてきた、と身構える気分がある。

――本谷を詰めてもまだまだ行ける。

心の中ではっきりした声が聴こえていたが、私は引き返すことに決めた。一旦下流に向かって歩み始めてしまうと、延ばしたゴム紐が戻る時のように、心の緊張が解ける。われわれはこの先の計画を話しながら下った。

「明日は日曜だったね」

「ええ」

「手の空いている者は集まるように連絡したらどうだろう。天気図では晴れそうだったし」

「何人ぐらい来ますかね」

「五・六人は来るだろう」

「いや、関東と関西で十人はいると思いますよ」

「ぱりぱりに凍ってくれたらいいけど」

「晴れたらぐっと冷えますよ」

明日は大勢の人が一時に集まる捜索の山場になるだろう。月曜から天気は再び下り坂になる、という予報であった。日曜日にわれわれにできる、精一杯の捜索をして、しかも、山から得るものが何もなければ、残念ではあるが捜索を一時中断して、雪溶けを待つことにしようという第二の方策が、家族の方々に説明し易くなるのではないだろうか。

——息子をどうにかして捜し出して欲しい。

そういう声は、現実にはどこからも聞こえなかったけれども、その気持ちが、竹の屋に充満していることは確かであろう。しかし、私は自分の退路のことを先ず考えていた。

扇沢に帰り着くまでの谷筋に、新しい雪崩はなかった。雨は歇《や》まなかった。

「大町署の北沢課長から何度も電話がありました。捜索を中止するように、というものです」

「命令？」

「そうじゃなかったと思います。とにかく中止するように、と繰り返し言われました」

「どう言った」

「連絡しますと言ってあります」

「命令でないとすると何かな」

「感じでは、警告のようでした」

「明日のことは？」

「明日以降も中止せよということです」

「それは困るね」

しかし、目の前には松岡君がいるきりだから、どうすることもできない。

「電話してみよう」

私がそういった時、天気予報の時間だと、舟橋君が知らせに来てくれた。はずみで北沢氏に電話しなくてよかったと後で思った。朝の予報では、日本を広く蔽いそうであった高気圧が、小さくなり細長く画かれている。明日の予報は、曇りがちだがだいたい晴というところに後退していた。われわれは短く話し合って、明日は早朝より捜索をしようと決めた。少なくとも、雨や雪の降らない一日は期待できそうであった。

警察にも連絡をした方がよいだろう。

大町署の北沢氏は声から想像したところ、警察官になって大分年数を経た人のようであった。

「今日は三人で現地の偵察に出ましたが、既に帰着し、こうして電話しているところです」

「雪の状態が危険ですから、捜索は中止してください」

「朝から山も雨で、底雪崩が幾つも出ました。しかし、落ちるものが落ちたあとは、もう出ませんから偵察をしたのです」

「状態が悪いから中止されるよう連絡します」

「はい今日は終っています。それから、明日は寒くなって、雨を含んだベタ雪が凍結すると思われますから、全員で捜索をいたします」

「とにかく、捜索は中止して下さい」

「明日の雪の様子を見て、捜索するか、中止するかを決め、そちらに連絡します」

話を聞いているうちに、しだいに愉快でなくなってきたが、決定的なことは口にしなかったと思う。しかし、北沢課長には私の声の調子でそれが分ったかも知れない。

ゾンデが届いていた。鉄棒には熔接によってT字に持手が付けられ、各々の先端の角は鑢《やすり》をかけて尖りを落としてある。藤本君は帰り仕度をしているところだった。

「よう揃えたね」

「ええ、電話帳で調べて、鉄筋屋と鉄工所に行きました」

「この熔接はうまく考えたなあ」

「仕事がし易いでしょう。鉄工所で訳を話したら、すぐやってくれました。グラインダーもかけてくれたんです」

「仕事があるの。明日は」

「ええ、心残りなんですが、私一人しかいない現場から、真っ直ぐにここへ来てしまったものですから、これ、よかったら使って下さい」

　そういって藤本君は五メートルの巻尺を差し出し、中津川の浄水場の持ち場に帰って行った。山風が吹き下ろし始めていた。薄い灰色のガスが流れてゆく。山々の稜線が高く現われて、午後の光で白く見える空が雲の間を渡っている。足元の水溜りが、細波を浮かべたままに凍り始めている。近くの雪の上を歩いてみた。表面が薄く凍っている。さくさくと乾いた音が聴こえた。

　電話で大学の対策本部を呼び出して、此方の番号を告げ一旦受話器を置く。すると向こうから電話をかけてくる。学校はわれわれにそのような電話の使い方を認めている。これまでの捜索のすべてと、明日からの見通しについて、対策本部に詰めている主だった人たちとゆっくり話をしようと思った。学生の遭難であるから先生方はとても心を痛めている。しかし、大学には救出をする力はない。事故の当時は山岳部員の数が十人であった。

本部の電話に山内君と同学年だった加賀谷君が出た。加賀谷君は私の話すことに相槌を打つばかりで、一向に意見を挟まない。返事をする留守番電話に要件を喋っている気持ちになって山内君に代わった。ところが、山内君は話を始めると、ちらちらと此方に視線を配る。私は喫茶室で待つことにした。やがて山内君は苦笑と共に近づいて来て、

「ハヤっているのではないかって言われましたよ」

と言った。

今日のわれわれの行動は無線通信と殆ど同時に広島へ伝えられている。向こうでは雨の日に籠川谷を登ったと聞いてさぞや心配したことだろう。煙草ばかり喫ったに違いない。しかし、山内君が私のことをハヤっていると思っているかどうかは分らない。此方から眺めると、山内君はまったく落ちついた男に見える。

夕食のあとで明日の捜索に備え全員で打合わせをした。その話の合間に、

「警察がしたというゾンデは信用できるでしょうか」

という声が遠くであがった。考えてみると、一昨日は救助隊が山中で行動をした時間に、そんなにゆとりがあったとは思えなかった。もしそうであるならば、われわれは自分たちを

納得させうる捜索を籠川谷に展開すべきではなかろうか。私は今まで十分考えた上で行動したつもりでいたけれど、まだ数多くの見落としをしているのかも知れなかった。遠くにいた若い人の声は私の内に深く沈んだ。打合わせが一区切りついたところで隣にいた山内君が立ちあがった。

「明日の雪の状態については心配いらないと思いますが、警察からは捜索を中止するようにとの連絡を再三受けています。そこで明日の捜索を前にみなさんの気持ちを知りたいと思います。現地に登らなくても、扇沢でやってもらわなければならない、重要な仕事がいっぱいあります。先ず現地の方から訊ねます。山に行きたいと思っておられる人は手を上げて下さい」

山内君がそういい終るのと同時に大勢の手が挙がった。

何か大きな忘れ物をしているような気分がある。調べるとすぐそれは分った。大町署の北沢課長のことばであった。それが痼《しこり》となって残っている。明日、捜索を予定している谷間での雪崩の危険について、何度か考えてみた。晴天となり山に寒気が来れば、雪は動きを封じられるだろう。

明日の山での雪崩については、もう思い患うことはない、と強く考えた。しかし、この結論が現われるまでの過程に、私の心の隅に今もあるらしい「山への甘え」が、私の判断に影響を及ぼしている、ということは考えられないのだろうか。山はただ、そこにあるだけなのに、人は山に願望を重ねてしまう。

私の山への願いが、今夜の私の判断を左右しているのではないかと思えてくる。考えはじめると終わりがなく、闇の中に暗い峯が幾つも現われる。

雪晴　―三日目―

堅い寝床は二晩目になって、今少し背中に厳しく当たるようになった。それでも大凡は眠っていたとみえて、夜半に遠方から誰かが到着して、ドアのところで低く押えた声が上る時にのみ目が醒めた。三時頃から、炊事の係が仕事を始め、総勢で四十人あまりが朝食を終えて、出発の用意を済ませたのが五時半であった。冬の山でこれだけの人数が、予定の時刻より三十分も早く勢揃いするのは、異例のことになるだろう。

外は暗く冷え切っていた。寒さから予想される程には星は見えなくて、数えられるぐらいだった。雪に埋もれた扇沢駅に、泊り込みでつとめる人が好意でトラックを動かしてくれて、大方の者がそれに乗った。それぞれが長いゾンデを携えていたから、白い光で雪の小山を浮かび上がらせて去って行くトラックが、針鼠のように見えた。

私は山内君、後藤君と扇沢から歩いて登ることにした。東の空が白く明けてきて、浅間山が切り絵のように見えてきた。山あいの処どころに薄い霧が蟠《わだかま》っている。今日一日の晴れは約束されたとみてもよいだろう。堅く凍みた雪が足元でさくさくと鳴る。きのうまでの足跡を辿ることは止めにして、凍み雪の上を真っ直ぐに登った。雪の凍み具合を確かめたい気分がある。

「これだけ堅くなれば、間違いないね」と私が言うと、

「大勢揃いましたね。じゃが、晩めしの用意をしてくれる者を忘れました。扇沢は今日は手いっぱいですよ」

白く息を吐きながら山内君はそう応えた。

われわれは少々早く歩いたものだから、トンネルに入って迂回して来るトラックより幾分

早目になった。籠川谷に長い行列を作って登る。朝の光が山やまに差して、鈍い白に沈んでいた稜線を赤く染める。やがて日の光に強さが加わり、きのうの湿り雪の雪崩の始まりを示す裂け目が、くっきりと輝き出した。

遙かの高みで雪の急斜面が裂けているから、積もった雪の切れた処で、光が反射される角度が変わり、それは厚いガラスの割れめのように見えている。その下から、雪が流れた跡が続き、傾斜の緩やかになった籠川谷に雪の巨きな固まりが、乱雑にうず高く積み上げられている。ガラスのように光っている裂けめを見上げていると、そこから上の雪の斜面が、下の支えをなくして、今にも落ちて来そうに思えるけれど、本当は、きらきらと鋭く光っている長い線が、今日の安全の証しなのだ。それは、雪の斜面に加わっていた下からの張力が、雨による雪の変質で、切断されてしまっていることを示している。

大沢小屋のある台地の下には、新しい雪崩は来ていなかった。見通しのよい広い谷間を登って行く。両側の小さな枝谷の雪は、厚手の布を拡げて置き、片方をぐっと押した時に出来る皺のように、谷の末端で乱雑に盛り上がっている。しかし、その灰色の雪の固まりはきのう眺めた時の姿のままに、今朝は凍っていて、動き出そうとする気配は冷たく閉じ込められている。時々、針の木岳の稜線で雪煙が舞った。尾根には粉雪があり、風があるらしい。大沢小屋の台地の下を登り、きのうの引き返し地点に来た。広い籠川谷は「喉」の狭《せば》まりに向かって迫り上がっている。目の前の谷一面をきのうの朝落ちた雪崩が蔽っている。

雲の見えない朝となって、周囲の山は白く輝いている。本谷のデブリはその源から来たものではなく、スバリ沢から出たものであることも、はっきり確かめられる。きのうの調査の時には、このことをガスの合間に、

——そうらしい——といえるぐらいに眺めただけであったから、これからゾンデをしようとする地域の大方が、新しい雪崩で荒らされていないと分かれば、此方の気分に明るさが増してくる。気懸りだったことが一つ少なくなった。

スバリ沢からのデブリの小山を乗り越えると、傾斜の緩やかな籠川谷の上流が目の前に開けてきた。おととい眺めたデブリの上に、新しく雪が積もって、辺りの山の様子が優しく変わっている。新雪は三〇センチぐらいだった。標高は二二〇〇メートルを超えているから、この辺りではきのうは雪だったのだろう。それも水気を含んでいたとみえて、新雪の表面が少し凍っている。歩くと小さな音をたてて割れる。

「あれじゃ、手がつけられませんね」

スバリ沢のデブリを見下ろしながら山内君はそういった。

「おとといの線から上に行こう。二班に分けて」

「そうですね、きのうと今朝着いた人を一班として、おとといの線から。始めからいる人で第二班として、もっと登ってゾンデしましょうか」

「それで人数はうまくなる？」

「だいたい、ちょうどに行くでしょう。どちらに入られますか」

「新入りの方にしようか」

「それじゃ、私は二班に入ってもっと前進します。合図してください」

「いいよ」

「気温が上がりませんか」

「暑くなるかも分からないね。雪煙が立っているうちは心配ないと思うけど」

山内君たちは二百メートルほど離れて、籠川谷に梁《やな》を張るように、横一列に並んだ。こちらは既に横隊となってゾンデを始めている。鉄棒を突き刺し、さっと引き抜くと、細い穴は崩れずに残り青く見える。一列の線が乱れないよう気をつけながらゾンデをして、一歩ずつ登る。たちまち体は熱くなり、手袋を外し、上衣も脱いだ。神成君は半袖シャツ一枚になっている。

此方のゾンデに手応えがあった。一メートルぐらいの深さで何かに当たる。確かに氷ではなかった。スコップで雪を四角に切り、細い深い穴を掘る。やがて出てきたものは、岳樺の太い枝であった。鉄棒がその芯にうまく当たっている。時々、あちこちでスコップを手にする人が現われたが、いずれも氷塊かデブリの中の異物を掘り出すのみで、時間がゆっくり進んでゆく。太陽がしだいに真上に廻って、春の山に特有の、目の眩むような眩しさが周囲に満ちてきた。何回目かの交信の時間がくる。

「ゾンデを続けているが、第一班、第二班とも異常なし」

「了解、扇沢より小林が登った」

「小林は目下登高中」

「大町署へは四一名で捜索中である旨を通報した。また、ヘリコプターなどの上空飛行は遠慮願いたい旨も連絡した。折り返し、北沢課長より電話あり、スバリ沢上部に亀裂ありとのこと、慎重な行動をするよう、と竹の屋の本部に伝えてきた」

陽射しは一層強くなり、振り返って眺めると、ほぼ同じ高さになった爺岳が、クリーム色に輝いている。足元の雪の表面には殆ど変化は見えないのだけれど、針の木岳のギラギラ光っている斜面の雪にも、変化がないといえるのだろうか。その斜面には、きのう新しい雪がかなり積ったとみえて、おとといは明瞭であった雪崩の発生線が、今日は見えなくなっている。

今一度、振り返って爺岳を眺めた、山襞の一つひとつが、微妙に異なる色合いをみせて陽を浴びている。その雪の覆いが、裂けて滑り落ちることがあるのだろうか。

山岳部の一行は鹿島槍ヶ岳に登り、爺岳を越えて来たのだった。リーダーの山岡君は理学部の三年生であった。爺岳で下山する新入部員を送って、かなり下の安全な処まで下り、それから登り直して、先行した一行を追いかけて来たというから、責任をもって一隊を統率する力があり、体力にも勝れたところがあったのだろう。

爺岳から針の木岳をめざして稜線を行き、岩小屋沢岳を越えてかなり下った処にある、信《しん》越乗越《こしのっこし》で雪洞を掘った。もう少々前進したいところであったが、この日は地吹雪で視界が悪く時間のロスがあった。しかし、森林限界より下方にある信越乗越では、風は弱く雪洞作りは容易であった。

事故が起きた日は、四日振りに好天気になった。まだ黒部の谷から冷たい風が吹き上げているけれど、銀色に見える黒部湖の向こうに、立山と剱岳がどっしりとした姿を見せている。

一行は厳しい寒風で、鋭く削がれた堅雪に僅かな足跡を残して進んだ。登山靴には厚い布製のオーバーシューズを被せ、十本爪のアイゼンを着けている。堅雪が氷に近くなっている処では、アイゼンの爪跡だけが一行のコースを示している。

鳴沢岳、赤沢岳と越えて行く毎に、信州と越中を分ける稜線はしだいに鋭くなり、岩場も現われてくる。尾根の雪が風に吹き払われ、ルートに岩が露出している処では、アイゼンの爪が歯ぎしりのような音を立てた。稜線の東側には、雪庇が長く成長していたから、風を避けて休める場所は少なかった。

それでも、尾根の曲がり具合で、うまく風下に入り込めるところがある。そこでは突然風音が絶え、ヤッケのフードを叩いていた氷片の繁吹が止み、別世界に来たように長閑《のどか》で和やかだった。足元遙か遠くながながと籠川谷が横たわっている。真白の谷を目で辿ると、行き止りの針の木峠の鞍部に、峠の小屋が今ではかなり大きく見えるようになった。今日の泊りは峠で雪洞の予定である。

その先の蓮華岳へはだらだら登り、そしてその頂上から扇沢に下山する。蓮華岳から扇沢への丸石尾根が正面に見えている。見渡したところ、優しく延びやかな尾根であった。

白い尾根の向こうに、焦茶色の安曇野が拡がっている。その色合には春の陽光のぬくもりが溢れている。枯草色に見える高瀬川の川原に寝ころんで、白い山を眺めている人がいるかも知れない。その人は、今どんな気持ちになっているだろうか。

安曇野の先は黒っぽい鬼無里《きなさ》の山々が続き、その果には青白い遠山が連なっている。北から見渡して、妙高、戸隠、浅間、八ヶ岳、南アルプスと話題が尽きることはなかった。

正午を少し廻ったところで一行はスバリ岳の稜線に来た。見上げるとスバリ岳の頂上は大きな岩峯となって、のしかかるようであった。岩稜の雪は風により遠くへ運び去られている。そのために、凡のところは登山道が見分けられた。その道は氷の斜面に変わっているけれど。山の斜面を切り取って作られた登山道は、風により整形され、今は氷の斜面となって以前の山の姿に戻っている。岩角が点々と続いているから、道の在り処が分かるのだった。一行は足首に力をこめ、靴底を斜面に従わせて氷を踏み締めて登る。氷に立ったアイゼンの爪が、人とザックの重みを支えている。

スバリ岳を越えて、針の木岳が目の前となった処で、殿《しんがり》を歩いていたリーダーの山岡君は、一年の前島君のアイゼンが外れそうになっていることに気付いた。調べてみると、アイゼンの前部と後部を繋ぐジョイントが折れていた。

人が歩く姿を観察した記録によると、前に振り出した足の踵から接地し、その部分に体重が乗り、次に、体重は踵から拇《おやゆび》の付根に移り、他方の足を振り出し、地を蹴って前進しているという。履物は総てこの運動にうまく追従できるように作られている。底の軟らかい運動靴。柔軟性に乏しい登山靴には、底に曲がりが付けられている。柔らかさのまったくない下駄には歯があって、前と後に傾く。

アイゼンも、そうした足と靴の動きによく合うよう、前と後に分けて作られている。そして、その連結部はメーカーにより、細いワイヤや、帯金、ボルト、蝶番《ちょうつがい》、などで工夫されていた。

前島君のアイゼンは、前後部をボルトで繋ぐ「タニ」であった。

山靴は人の足に合わせて作られるから、その大きさと形の種類がとても多くなる。一方アイゼンは、なるべく種類を少なくして生産した方が、製作も容易であり営業にも便利である。少し昔は、アイゼンの種類は大中小の三つだけで、靴底を削ったりして、アイゼンに合わせていた。

ところが、「タニ」のアイゼンにはボルトが使われているから、そのネジの調節だけで靴の大きさに合わせることが出来る。登山道具が揃わない部員の多い、学校の山岳部では、融通性のある「タニ」アイゼンを使用するところが多い。

便利ではあるけれど、折れてはならないボルトが折れてしまった。

リーダーの山岡君が一年の時、同年の原崎君が春山合宿で遭難したことがあった。双六岳の頂上の近くから滑り墜ちたのである。事故があった日の翌日から天候が悪くなり、救出されるまでに一週間かかった。山岡君には、その出来事が強い印象となって残っていたから、前島君の滑落を防ぐためには十分に注意した。

折れたアイゼンを外しオーバーシューズは脱がせた。既に何日も雪洞に泊まって来たから、靴はそれぞれかなり湿っている。しかし、今は凍傷にかかることを怖れるより、滑り易いオーバーシューズを外す方が急務になった。

前島君と山岡君はザイルで結びあった。もし、前島君が急斜面で足をとられ、滑落を始めるようなことがあり、且つ停止に失敗してもリーダーの山岡君は、前島君の落下を食い止めることができるだろう。

サブリーダーの原田君をはじめとする残りのメンバーで、前島君のために足場を切った。急斜面で重い荷物を背負い、俯《うつむ》いてピッケルを振るのは苦しいし、体のバランスをとるのが難しい。更に急峻な氷化した斜面では、隔時進行法を採った。先ず一人が登り（降り）、他方は足場を堅めてザイルを繰り出し、危険に備える。

それらの出来事が重なりあって時間をとり、針の木岳の頂上を越えた時には、太陽は立山に近くなっていた。あちこちの谷間からガスが湧き始め、視界がしだいに限られるようになった。

針の木岳の頂上からは尾根の方向が変わり、東西に連なるようになる。西風が幾分かは遮られるのだろうか、頂上を過ぎて暫く下ると、軟らかい雪が現われた。隔時進行を解き、針の木峠に向かって進む。どうやらもっとも危うい処は終わったらしい。

しかし、一行の歩幅が伸び始めたところに、意外な難所があった。

それは稜線上に黒々と立ちはだかった岩峯であった。岩峯の高さは七、八メートルであるが、正面は垂直に近い壁となっている。右側は針の木谷へ雪を纏《まと》った岩壁が連なっていた。それではと、左を眺めると、針の木谷から吹き上げられた雪が、岩峯に当たって渦を巻くのだろうか、なかなかと雪庇のような吹き溜りが延びている。そのために稜線の左、つまり籠川谷の方には軟らかい雪の壁が続いている。その壁の下を斜面を横切るように進めば、今にも雪崩が起りそうであった。

一行は黒ぐろと立ちはだかる岩場の下にザックを下ろし、一息入れることにした。事態を深刻なものとして受け取っている者はまだなかった。山岡君の胸には何があったのだろう。

岩峯より稜線と平行に凡そ四十メートル向こうに、小さな黒い岩が見える。その四十メートルを乗り切れば、小さな岩の先で稜線に戻れそうであった。しかし、岩峯と小さな岩の間は粉雪の急斜面となっている。今にも雪崩そうに見えている斜面にルートをとるべきなのだろうか。ザイルを付けて横切れば、たとえ雪崩が発生したとしても或いは巻き込まれずに済むかも知れない。だがそのザイルの一端をどこに固定するのか、岩の割れ目に打つハーケンはザックの中になかった。亦、ピッケルを雪に埋めアンカーとする方法も山岡君は採らなかった。

その斜面を横切れば、雪崩が起きるに違いなかった。それよりも岩峯から続いている白い吹き溜りを登り、稜線に出るべきではないだろうか。山岡君は仲間に声をかけ、自らもザックを背負い、殆ど垂直に見えた吹き溜りの壁を登ろうとした。一歩三歩、山岡君は真白になって雪を蹴った。しかし、雪は軟らかく山岡君の体は殆ど始まりの位置にあった。疲れていたのだろうか、それとも疲れを意識したのだろうか。真白になった山岡君は急にその場で向きを替え、マヤクボ沢に続く急斜面を五六歩下り、

——もう降りるぞ、ええな——といった。それは軟らかい雪の斜面を縦にある程度下り、適当な処で、向きを変えて稜線に戻ることを意味していた。早朝に信越乗越を発ってから十

時間が過ぎている。ここで苦労して岩峯を巻き、稜線に出たとしても前途には氷の斜面があるかも知れない。緊張を続けて稜線を辿るより、籠川谷に続くスロープを下って（下には途中に平らに見える処があった）、そこから峠の近くの尾根に登り直した方が、滑落に対して安全といえるのではないだろうか。確かに雪崩の危険度は増すけれど。

この時山岡君の内に心理的な空白時間とでもいえるようなことが、起きたのではなかろうか、前島君のアイゼンが折れてからは、その以前にも増して緊張の連続であった。

山岡君と原田君はザイルで結び合った。山岡君は静かに急斜面に足を踏み入れた。雪は軟らかく膝の少し上まで潜った。四十メートルのザイルが延び切って原田君が降り始める。それから一行は、目分量で五十メートルの間隔をおいて続いていった。

最後になった町田君が下り始めた時に雪崩が起きた。それは先頭を行く山岡君の足元から始まるものではなく。稜線近くの雪に横に鋭く裂け目が走り、幅広い雪面が一行の上に一度に崩れ落ちるものであった。町田君だけがピッケルを使い、自分の落下を止めることが出来た。

あとで斉藤君はその時の様子を次のように書いている。

＊

突然、すざましい音が、ぼくらの空間そのものをゆさぶるように響いた。事故から一週間ほどたったある日、電車が橋にさしかかる時の音に一瞬ギクリとしたから、あんな音に近かったのかもしれない。しかし、もっと短く突発的なすざましい音だ。たしかにぼくよりも上の方でだった。瞬間、きたぞ——と雪崩であることを直観できた。だれかが鋭く叫ぶのを聞いたし、つづいてリーダーがなにか、もっと長い言葉を喚くのが耳にはいってきた。しかしその時はもう、圧倒的な雪の渦のなかで、その声は遠すぎた。いまでも、自身もそのなかのひとりとして、あの瞬間の光景をおもうのだが、まるで画面全体が揺れ、ばらばらになって砕けていくようなものだ。巻きこまれてすぐに思ったことは、それみろ、やっぱりやってしまったではないか——という、むしろ自分のおそれが的中したことへの、へんな安堵のようなものだった。

＊

第二班では雪崩の見張りを出してゾンデを続けている。大きな岳樺の根方に坐ってマヤクボ沢を見上げているのは、学生の原崎君のようであった。単調な作業の繰り返しであるけれど、手抜きをする訳にはいかない。もし、ぞんざいなゾンデをして、埋もれている処を知らずに通り過ぎてしまえば、これまで続けてきたことの意味がなくなる。

今では、ほんの僅かでも、隙間を作って雪面を突き刺した時には、その残した雪のひらの奥深く、遭難者が臥していて、その上を私は無関心で通り過ぎようとしている。そのような情景が、たちまちのうちに浮かび上がり、必ず鉄の棒を後戻りさせた。肩身を狭くした人間がようやく横になれそうな空間も、今一度探ってみた。

ゾンデを続ける人の列が、少しずつ籠川の谷間を登って行き、マヤクボ沢の曲がり角が近くなる。昼になって雪の上の影が小さく見える。何か、もっとましな方法があるのではあるまいか、という想いがどこかに絶えずあり、片方では、丹念にゾンデを続けるより他には途がない、ということも分かっている。その二つが私の内で交錯する。

しかし、小山君が、

「横にトレンチを掘ってみましょうか」

と言ってきた時には、

「そんなことをしたって、時間と労力の無駄だよ」

と、いささかぶっきら棒に応えてしまったから、やはりゾンデを続けるだけだ、と思っていたのだろう。

「もっとこっちや、こっちや」

という声が聞こえてきた。いつの間にか雪崩の見張りは、舟橋君に代わっていて、岳樺の下で立ち上がった人影が、左右に腕を振っていた。二班の人たちが不承不承を少し体に示しながら、左に移っている。

針の木峠の頂上近くから始まった雪崩は、マヤクボ沢に集まって走り、籠川谷に入って対岸に乗り上げるように、拡がっている。舟橋君は大廻りしたデブリの外側の線まで、二班の人たちを寄せているところだった。

三月二八日　通信記録（抜）

扇沢前進基地　松岡茂

05：45よりOB・現役四一名（最終人員）にてゾンデによる捜索開始。
扇沢では松岡以下三名が通信等に当たった。
通信系統図（略）
午前中の交信記録（略）
12：00　現地↓扇沢　周囲の気温がかなり高いが全員元気である。今、上部パーティが
　　　　　　　　　　何か固い手応えのあるものを当てた。暫く待て。
12：10　現地↓扇沢　赤いものを発見。
12：12　現地↓扇沢　オーバーシューズ発見。位置はマヤクボの出合いより100m下
　　　　　　　　　　部。雪面下約2m。5万の地図で針の木雪渓の雪の字の位置。
12：20　扇沢↓大町　12：12交信の事項連絡。
12：25　広島↓扇沢　12：12の件
12：28　現地↓扇沢　遺体発見。
12：32　現地↓扇沢　遺体の下にピッケル発見。
12：40　扇沢↓大町　竹の屋へ下山した四名は引き止め。
12：41　大町↓扇沢　署より何時頃遺体は下りるかとの電話あり。

12：43　扇沢↓現地　右の事項。
12：45　現地↓扇沢　右の件、到着二時間前に知らせる。
12：46　扇沢↓大町　右の事項を大町署に連絡せよ。
12：47　現地↓扇沢　遺体の右足にアイゼンなし。顔まで掘り出していない。氏名まだ確認できず。
12：47　扇沢↓現地　ヤッケの色等について知らせ。
12：48　現地↓扇沢　ヤッケは赤。ピッケルはウイリッシュ。
12：49　扇沢↓現地　前島君であると思われる。
12：54　大町↓扇沢　警察より、医師の件あって下山時刻を至急知らせ。
12：55　扇沢↓大町　二時間前に知らせる、ではいけないか。
12：56　大町↓扇沢　到着時間が確定しなければ医師の手配できず。
12：57　現地↓扇沢　遺体を確認。前島君である。これよりシュラフに収容、下山の準備にかかる。
13：04　現地↓扇沢　遺体を下ろせる状態にした。17：00扇沢到着でどうか。
13：06　扇沢↓現地　右の件了解。警察へ連絡する。今後の交信は毎時00からと30

の二回とする。

13：15　大町→扇沢　警察より17：00には必ず下ろせ。

締まり雪の斜面を深く広く切り取って、五人用の雪洞ぐらいの穴を掘る。始めは若いOBたちが先頭に立って、雪を掻き退けていたが、赤いオーバーズボンが少しずつ見えてくると、その勢がやや弱くなった。そこで此方が代わった。前島君の周囲の雪は体温で一度溶かされたのだろうか、僅かの隙間を作って、厚いくもりガラスのように凍結している。前島君は人形《ひとかた》の氷の柩に入っているようであった。

体の下にスコップを深く刺し、柄に思い切り力を掛けると、前島君は人形みたいにぐらりと動き、こちらの世界に還って来た。二一メートル余り雪に埋もれ、右手を延ばし仰向けになっていたのだった。

衣服に着いている雪から払い落としていき、終いに顔を覆った堅い雪が残った。その雪は赤く染まっている。横に踞《かが》んでいた久保君に、

「このままシェラフに収めようか」と話しかけると、さすがに警視庁に勤めているだけあって、

「いや、ここで見といた方がいいでしょう」と応えた。

顔の上の赤い氷を剥がすと、左目の下に傷があった。青く腫れ上がっている。前島君はしっかり目を閉じていた。

「口から出た血ではないだろうね」

「傷からです。もし、内臓に破裂があれば、もっと大量に出血します」

久保君は手袋をはめながら静かにそう言った。寝袋に収めるために、延びていた前島君の右腕を曲げた。ひと思いに力を込めると、太い鉛の管のように曲がった。

１３：３０　現地→扇沢　上部を見て左を上下のパーティでゾンデ捜索中。異常なし。

１４：００　現地→扇沢　１３：００の地点より４０ｍゾンデ終了。異常なし。前島君の搬送は１５：００からとする。

１５：００　現地→扇沢　舟橋以下、十二名でこれより搬送を始める。トンネルは通らず、直接本部まで下ろす。

１５：０５　大町→扇沢　検屍は寺で行ない警察は現地には来ない。

１５：２５　舟橋→扇沢　搬送隊の位置、ノドより２００ｍ下

１５：２６　扇沢→舟橋　葬儀車の手配、いまだ出来ず、検屍及び納棺は大町長性院六角堂と警察にて決定。

15:27　現地→扇沢　2番目の遺体発見。前島君発見地より50m上方。浅いが氏名等不明。

15:35　現地→扇沢　氏名確認。遺体は名村君である。友人藤原君により確認された。

15:36　扇沢→現地　直ちに警察へ連絡する。搬出時間等について決定したら連絡せよ。

半分あまり刺したゾンデを手にして、末永君が私を呼んでいる。表情が硬くなっていた。

「どう思いますか、これ」

末永君のゾンデを上下してみて、初めての経験であったけれど、間違いあるまい、と真っ先に思った。

「当たってる」

スコップで二・三回掘ると、ざらざらの氷に紛れた黒い髪が雪の間に見えた。ゾンデがうつ伏せになった身体の頭のところで止まっている。ザックが身体の脇に現われた。

前島君はマヤクボ沢から走り出た雪崩が、本谷に入ってうねるように曲がった、そのアウトコースの端で見つかっている。

名村君が埋もれていた処も、曲がりの外側の線に近く、前島君から五十メートルほど上流であった。名村君もしっかり目を閉じていた。口の横に長くて深い皺が付いている。雪に顔を強く締めつけられたのだろう。
寝袋を出すために名村君のザックを開いた。登山用具や衣類がきちんと整理され、総てはビニールのシートでくるまれている。蓋がぱっちり閉まるプラスチック製の弁当箱があり、中にはバター飴がぎっしり入っていた。名村君は雪を蹴るように片方の膝を曲げていた。黙って名村君の背中に私の膝を当て、両手に力を入れて足首を押した。

15:54　現地→扇沢　名村君の搬出作業は17：00に間に合わせるよう全力をあげるが、確約は出来ない。
15:58　扇沢→大町　右の件に付き署へ連絡せよ。
16:04　現地→扇沢　神成以下、十一名で搬出を開始した。山岡君の発見に残る隊員で全力をあげる。
16:20　大町→扇沢　葬儀社より車は既に2輌向かっている。
16:28　現地→扇沢　神成隊17：30には基地に着く。現在十三名にてゾンデ捜索続行中。17：00定時交信は予定通り。
16:38　現地→扇沢　第3の遺体発見。位置氏名の確認の件はあとで送る。
16:42　扇沢→大町　右の件大町署へ連絡せよ。

16:43　現地↓扇沢　雪面下1・5m名村君の発見地点より右上20m。
16:45　扇沢↓現地　搬出等の方法について連絡せよ。
16:46　現地↓扇沢　周囲の滝木を伐り紫橇にて下ろす。遺体にはザイルが付いており
山岡君と思われる。山岡君と確認。

前島君が見つかった時には、その周囲に人垣が生まれ、想像していたことが、現実の姿となって現われたことを、それぞれに確かめ合うような気分が漂った。しかし、名村君が掘り出された時には、少し違った雰囲気になった。強張った軀が寝袋に収められ、雪の上を牽いて行けるようにザイルの準備を始める頃には、手空きになった人たちが、ゾンデを手にして散っていった。

名村君を牽いた神成君たちが遠く籠川谷を下って行き、やがて見えなくなる。陽がスバリ岳の裏に落ちて、谷間に冷えきった風が吹き始めた時に、青景《あおかげ》君のゾンデに手応えがあった。山岡君は雪崩の曲がりの処で、その内側に出来た雪の畝の下に埋もれていた。ザイルが緩く二廻り、腰から足にかけて搦《から》んでいた。

六人が雪崩に流され、一人は脱出できた。二人がその末端近くまで運ばれ、そのうちの一人は雪の中から体の一部を見せていたけれど、絶望となった。残る三人は雪崩の曲がりに出

来た澱みで沈んだ。
16:59　扇沢→現地　搬送車到着。木村以下、五名はザイルを持ち、これよりそちらに戻る。
17:10　現地→扇沢　山岡君の搬出作業を開始。
17:15　扇沢→現地　舟橋は車輌に同乗して検視等のため大町に向かった。
17:52　現地→扇沢　ノドを通過。ものすごいデブリのため、前進を阻まれている。
18:00　現地→扇沢　難渋している。到着は一時間余り後になる予定。
18:07　扇沢→現地　搬送車輌は18：45頃、現地本部到着予定である。
18:09　現地→扇沢　右の件については何とか頑張ってみる。
18:25　現地→扇沢　大沢小屋通過。
18:31　扇沢→現地　搬送車到着。
18:55　山岡君遺体扇沢着、全員下山。

雪の中に深く埋もれている人の身体に当たったゾンデには、木の枝や氷の固まりとは、まったく異種の反応があった。闇中砂袋を突いたようだ、といえばよいのだろうか。
山岡君を発見した時には、ゾンデをしていたのは一三人であった。太陽がスバリ岳のかなたに沈み、辺りが青白く翳って見え始めた頃であった。一三人では、広いデブリの端から端までを、一列になってゾンデして行くことができないから、われわれはしだいに分散して進むようになり、それぞれが己の感覚に従ってゾンデを続ける形になっていた。

風はなく静かだった。青白く陰りを見せている雪の谷で、そこは幅広く感じられる処だった。私たちは山岡君を寝袋のカバーの、薄い布袋にいれた。遺体を包む資材はもう他になかった。

先ほどの連絡の時、遺体は柴橇《ソリ》に乗せて降ろす、と言ったのだったが、それは遠い日を思い出しての言葉だった。

私はとっさに、高校一年の冬に起った取立山の遭難を思い出していた。山で発見された遭難者は、協力した村びとが作った木々の包みの中に包まれて、雪の山を曳かれてきたのだった。木々で作られた包みは、ナットウの「わらの包み」のように見えていた。

あの時のような木々の包みを作ろう。誰が用意していたのだろうか、たまたまあった鋸を手にして斜面に向かったのだが、場所は木々の生育限界に近く、僅かのダケカンバがあるばかりだった。私は伐ってはよくないと思いながら木を伐った。私たちは数本の細い枝を並べその上に山岡君を載せ、山岡君が付けていた切れたザイルで縛った。

今では要らなくなったゾンデの鉄棒の先端を曲げる。その曲がりを、遺体を載せた木の枝にかけて曳くことにした。

見下ろすと、薄暗くなり始めた雪の谷が、はるか遠くまで続いている。その雪の谷は、一面に耕された春の田のように見えていた。私たちの一歩一歩のゾンデの跡だった。

青景君のゾンデが、ザイルをゆるく搦《から》ませて埋もれていた山岡君の頭に当たっていた。

われわれには暗くならないうちに、山岡君と一緒に山から下りたいという事情があり、その仕事で大忙しであったから、山中では山岡君の発見は当然の事のように思えていたけれど、夜も更けてから、長かった一日を想い返してみると、その発見が意味深く思えてくる。


八ヶ岳に登ると決めていた日が近づくにつれて、妻は次第に沈みがちになって行った。

――指定席って、こんな時不便ね――と言ってもいた。そして、出発の前夜には妻はインドサリーを着て、

――記念写真を撮って――と言った。青と金の玉虫のサリーはアンナプルナ旅行で買ったものだった。

その時の妻の表情が普段と違っていた。何かに身構えている、と言ったらよいだろうか。目が違っていた。そこで私は、よし、という気持ちになり金屏風を出して、青いサリー姿の妻を、何枚も写真に撮った。

何故、私はあの時、よし、という気持ちになったのだろう。そうした方が、妻はすっきりした気分で山に行けるだろう、と思ったのではなかったか、いや、それよりも彼女の目が放っている暗い輝きに、よし、と思わず応えてしまったような気もする。今となって、あの夜のことを考えると、妻には確かにある予感があったのだ、と次第にそれは確信にまで昂《たか》まってくる。

デブリの中からの三人の発見はやはり、偶然の出来事とされるだろう。しかし、私にはそうとは思いたくないものがある。竹の屋のふとんの中で浅い微睡みを繰り返すうちに朝がきていた。

＊

もうそこはかなり高い位置にあるらしく雲が大層身近かに思われた。赤茶色の岩場が目立つ谷間に向かって、小さなスロープが拡がっている。そのゆるやかな草地に、思いおもいの様子をみせて人たちが散っている。草原の流れる先は、遠くに行って次第に緑が消え、やがて裸地になり、その向こうが雪渓となっている。再び積まれた石塚から淡い煙が草の葉を分けるように昇っていく。浅黄に見える遠山の彼方から夏の雲が生まれ始めていた。

一同から少し離れて名村さんが坐っている。それと気づいてからかなり経ったところで、私は名村さんの横に腰を下ろした。

「お近くの山には、まだ登っていらっしゃいますか」

「よー行ってますよ。今では駆け足で登ってるんですわ」

「そうですか」

「いい気持ちですよ」

「三浦さんあたりは少し心配しているようですね。名村さんが深入りされるんではないかって」

「ご迷惑を懸《か》けているかも知れませんね。しかし、冬の大山に連れて行ってもらっていい気分でしたわ。だいぶ吹かれましたけど、それがかえっていい気持ちなんですよ」

「弟さんも続けていらしゃいますか」

「ええ、いろいろ計画してるようですわ、いつも真っ黒になってますな」

「奥さんご心配でしょう」

「仕ようがありまんせんな。二人とも出かけてしまって、留守をさせる時があるんですからな――。今度もそうですが」

「名村さんは、山に敵討ちをするつもりで登っていらっしゃるのではありませんか」

「そうかも知れませんね。やはり分かりますか」

「なんとなく、そう思ってました。私も負けないぞと思ってしまうことがありますよ」

「去年なんか、針の木の頂上越えた日は、雨が降って風もびゅうびゅう吹いて。でも、わしは愉快やったですよ。もっ吹け、もっと降れ思うてね。笑ってやりましたわ」

「でも山はただあるだけですからね」

「そうかも知れませんが、だからとゆうて、家に引っこんでもおられませんな。わしはそういう人間ですよ」

「山を歩いていますと、山に登ったひとの心がよく分かるような気持ちになりますね」

「わしはね、いつも話しながら歩くんですよ。聞いてくれるような気がしますわ」

「今度も、行くのですね」

「ええ、また三浦さんにお願いして、剱岳に登って向こうから下りようとゆう計画です」

「お天気が続くといいですね」

「そらやっぱりいいにこしたことありませんな。正月に大山で見た日の出はきれいやったですわ」

名村さんは遠山の方を見ながら話しを続けた。その間にも夏の雲は形を変え、陽の光を撥ね返し始めている。

——あとがき——

山の遭難の文章については、ひそかな決めごとを持っているつもりだった。繰り返し書かないこと。繰り返していると記憶は変質し、見苦しくなる。

ところが人の気持ちは変わるのですね。これまで体験した遭難についての文章を集めると、一冊の本になるのではないかと思えてきた。自分でも意外なことに。

ある早朝のことでした。どこからともなくやってくる早朝の考えを、私は信用しています。

あちこちの本にちらばっている文章を集めて流れを作る。いやいやそうではない、遭難についての文章を集めると、響き合って、どこかしら関連が生まれて来る本、そのような本の内容を、ある朝の、思考の遊戯として頭の空間（そんな所があるとすれば）に並べてみた。わだかまる霧が動いていって、その底から何かが現われて来そうだった。形が見えて来るのではないか。

その一方で遭難という事柄は重く、私が関わって来て、忘れられない記憶となっている事件を、これまでも平静に文章にすることは難しいことだったが、月日が経った今、時間の助けを借りて、眺め直し、遭難を集めた文集としてまとめることは、可能なのだろうか、意味あることなのだろうか、とも考えた。分からない。

そこで日野川図書の青山雨子さんに相談してみると、しばらくして「よい本になりますよ」という返事が来た。思いがけないことで、うれしい気持ちになる。それから後、この本の構成については、「表題」を含め全面的に青山さんの原案に従った。本の内容についての青山さんの指摘は、厳しいものだった。以前に書いた文章の中で、僅かなためらいや、「逃げがある」と認められた箇所は、みな書き直しを勧められた。

もちろん、私もそのとおりと思ったから、よく考えてみた。その結果「流れ雪」では、多くの部分が改稿となった。よくなっていると思います。

できるだけ完全な形の本を作りたいという青山さんの希いから、原稿は編集者との間を十回近く行き来した。今、私にとっては難航のうちに誕生した『遭難日誌』を読んでいると、構成されている文章が響き合っていて、まったく新しい本に出合う気持ちになる。青山雨子さんにはすべての面にお世話になりました。厚くお礼申しあげます。

２０１６年　９月

増永　迪男

著者略歴

増永　迪男（ますなが・みちお）

1933年福井市に生まれる。広島大学工学部卒業。

著書

『霧の谷』（1975年）
『霧の谷Ⅱ』（1976年）
『日本海の見える山』（1979年）
『取立山・しらやま考』（1985年）
『福井の山150』（1989年）
『霧の森』（1993年）
『霧の山』（1995年）
『踏絵踏まざりし者の裔（こ）我等』（1997年）
『風景との出合い』（2001年）
『夜明けの霧の山』（2007年）
『春夏秋冬山のぼり』（2010年）
など

共著

『ヤジュン峰登頂』（1969年）
『わが山・ふくいの詩』（1982年）
『日本百名峠』（1982年）
など

その他に、福井新聞・産経新聞・朝日新聞各紙面において山に関するエッセイを連載

遭難日誌

著者　増永　迪男
発行日　二〇一六年十月二十日
発行者　青山　雨子
発行所　日野川図書
〒916-0063
福井県鯖江市鳥井町七号一七番地一
装丁　青山　咲子
印刷　㈱国府印刷社
〒915-0802
福井県越前市北府二丁目一一一一六

定価　二、二〇〇円